Die Erfindung einer privaten Hochschule für öffentliches Handeln
Inventing a Private School of Public Policy

Ein Essay zur Entstehung der Hertie School of Governance
Hans N. Weiler

Hertie School of Governance

Inhalt

4

Vorwort

Das Alter einer Institution festzulegen ist nicht immer so einfach wie es scheinen mag. Wählt man das Jahr, in dem die ersten Studierenden die Hertie School of Governance mit Leben füllten, oder hält man es wie in China, wo man das Alter in „gelebten" Jahren zählt, also von dem Zeitpunkt an, als die Idee einer deutschen School of Public Policy zuerst entwickelt wurde? Die Wahl fiel letztendlich auf das Jahr 2004, als die Hertie School die ersten Seminare im Executive-Bereich anbot.

Die School ist also stolze zehn Jahre alt – sehr jung für eine universitäre Einrichtung, aber doch alt genug, um einen ersten Blick zurück zu werfen. Der Lehrbetrieb im Master of Public Policy begann im Jahr 2005 mit einer siebenköpfigen Kernfakultät und 25 Studierenden. Mittlerweile haben acht Jahrgänge den Grad des Master of Public Policy absolviert und sechs den des Executive Master of Public Management. Die ersten Doktoranden im 2012 eingeführten PhD-Programm werden im Jahr 2015 ihre Promotion abschließen, und 2015/16 wird das neue Master-Programm zu „International Affairs" eingeführt. In relativ kurzer Zeit ist es also gelungen, eine Public Policy School zu etablieren, die sich sowohl national als auch international gut behaupten kann.

Dieser beachtliche Erfolg ist keine Selbstverständlichkeit. Besonders in der Gründungsphase gab es nicht wenige skeptische Stimmen. Die von den Initiatoren der Hertie School gezeigte Risikobereitschaft ist also durchaus bemerkenswert – besonders im Hinblick auf das enorme

Engagement, das der School von ihrer Gründerin, der Gemeinnützigen Hertie Stiftung, zuteil wurde. Dieses Engagement war stetig und gab der School innovative Qualitäten mit auf den Weg, die sich als wichtig und richtig erwiesen.

Worin bestehen diese Innovationen? Vor allem sind da die drei Grundprinzipien der Hertie School, die „drei I's" zu nennen: Interdisziplinarität, Intersektoralität, Internationalität. Das zeigt sich am schönsten bei den Studierenden. Sie kommen zur Hälfte aus dem Ausland – und zwar aus allen Teilen der Welt, schon seit den ersten Tagen; sie haben vorher die verschiedensten Disziplinen, von den Sozialwissenschaften über Physik bis hin zur Medizin, studiert und gehen hinterher in alle drei Sektoren: in den öffentlichen Bereich, in die Privatwirtschaft und in den zivilgesellschaftlichen Sektor.

Den Garant für die drei I's bietet die Kernfakultät, die mittlerweile 20 Mitglieder umfasst und in der nach heutigem Stand sieben Nationalitäten vertreten sind. Was die Interdisziplinarität betrifft, so finden sich unter den Professoren und Professorinnen Vertreter aus Politik- und Verwaltungswissenschaften, Soziologie, Volkswirtschaftslehre und Rechtswissenschaften.

Entsprechend dieser Logik hat die Hertie School von Anfang an Wert darauf gelegt, international gut vernetzt zu sein – und zwar mit den besten Public Policy Schools mit interdisziplinärer Ausrichtung. So zählte die School schon zu einem sehr frühen Zeitpunkt Institutionen wie die London School of Economics, Columbia University und Sciences Po Paris, aber auch die Gesellschaft für Internationale Zusammenarbeit zu ihren Partnern.

Trotz der Internationalität der Hertie School ist jedoch zu betonen, dass sie fest im deutschen und europäischen Kontext verankert ist. So versucht sie ein modernes Verständnis von Governance aus der europäischen Perspektive zu erforschen und zu lehren. Die Professoren und Studenten der School findet man in Berlin und Brüssel; man trifft sie aber auch in den Landeshauptstädten oder in der Kommunalverwaltung. Gleichzeitig ist die Hertie School kein Elfenbeinturm. Der Praxisbezug wird hier gelebt, sei es durch vorgeschriebene Praktika während des Studiums, den Einsatz von Praktikern in der Lehre oder im Rahmen von vielen öffentlichen Veranstaltungen, die an der Hertie School alljährlich stattfinden und zu einem festen Bestandteil der Debattenkultur in Berlin geworden sind.

Nach zehn Jahren ist die Hertie School den Kinderschuhen entwachsen und hat sich zu einer etablierten Größe entwickelt, mit stetig wachsenden Studierendenzahlen und einer Fakultät, deren Forschungsleistung sich im internationalen Vergleich behaupten kann. In dieser Lage ist der Blick zurück auf die letzten zehn Jahre einerseits ein Vergnügen. Andererseits ist er aber auch notwendig, um aus den letzten zehn Jahren zu lernen, sich für die Zukunft zu rüsten und den Reflektionsprozess über weitere Innovationen vorzubereiten. Wir danken Hans Weiler, der in der Gründungsphase der Hertie School of Governance eine so wichtige Rolle gespielt hat, dass er diesen Blick in so umsichtiger und kluger Weise übernommen hat. Das Lesen dieser Geschichte der Gründung einer privaten Hochschule ist so spannend wie lehrreich. In jedem Falle werden die kommenden zehn Jahre sicherlich spannende Projekte, weitere Innovationen und neue Herausforderungen mit sich bringen. Wir freuen uns darauf, die Entwicklung der School auch weiterhin zu begleiten!

Kurt Biedenkopf, erster Vorsitzender (2003–2009)
und Ehrenvorsitzender des Kuratoriums (seit 2009)

Michael Zürn, Founding Dean (2004–2009)
und First Fellow (seit 2009)

Helmut K. Anheier, Dean (2009–2014)
und President & Dean (seit 2014)

Zur Einführung

Die Entstehung und Entwicklung der Hertie School of Governance in den Jahren 2002 bis 2005 war ein für das deutsche Hochschulwesen in mehrfacher Hinsicht bedeutsamer und neuartiger Vorgang. Eine private Stiftung – die Gemeinnützige Hertie-Stiftung – entschloss sich, in eigener Initiative und aus eigenen Mitteln eine Hochschule zu gründen – ein bis dahin in Deutschland höchst ungewöhnlicher Schritt [1]. Diese Hochschule sollte überdies dem in Deutschland weitgehend unbekannten Strukturmodell einer „professional school" folgen und damit einen ausgeprägten Anwendungsbezug mit interdisziplinärer Wissenschaftlichkeit verbinden. Und schließlich sollte diese Hochschule sich zwar an das Vorbild angloamerikanischer „schools of public policy" (Kennedy School in Harvard, Woodrow Wilson School in Princeton, London School of Economics) anlehnen, sich in diesem Kreis jedoch sowohl durch einen ausdrücklicheren Bezug auf europäische Problemstellungen und Perspektiven als auch durch eine deutliche Fokussierung auf Fragen moderner Governance auszeichnen und damit den Bogen wissenschaftlicher Aufmerksamkeit über staatliches wie nichtstaatliches, wirtschaftliches wie zivilgesellschaftliches Handeln spannen.

Diese unterschiedlichen und für die deutsche Hochschulentwicklung durchaus ungewöhnlichen Elemente machen die Eigenart dieser Gründungsgeschichte aus und verdienen es, im Lichte der Erfahrungen des ersten Jahrzehnts der Hochschule sowohl in Erinnerung gerufen wie neu beleuchtet und in einer in die weitere Zukunft gerichteten Reflektion berücksichtigt zu werden. Dies verlangt allerdings nicht nur nach einer Chronologie der Abläufe in der Entstehung der Hertie School[2], sondern auch nach einer intellektuellen Kartographie, in der Herkunft, Kontext, Bedeutung und Zusammenhang dieser unterschiedlichen Elemente – „private Hochschule", „professional school", „school of public policy", „Governance" – erörtert und im Zusammenhang der neueren deutschen und internationalen Hochschulentwicklung thematisiert werden.

Die reale Entwicklung der Hertie School im ersten Jahrzehnt ihrer Tätigkeit hat sich an diesen Gründungskonzepten orientiert, darüber hinaus aber in einem sehr lebendigen Gestaltungsprozess auch eine Reihe weiterer Dimensionen in die Identität der School zu integrieren versucht. So hat von Anfang an das Prinzip der „Transsektoralität" – also einer die Sektoren öffentlichen Handelns übergreifenden Perspektive – eine wichtige Rolle im Selbstverständnis der School gespielt. Ähnliches gilt, in konsequenter Anwendung des Strukturmodells der „professional school", von der Interdisziplinarität von Forschung und Lehre an der Hertie School oder von der intensiveren Beschäftigung mit den im Bereich Public Policy besonders häufig und kontrovers auftretenden normativen und die ethische Wertung öffentlichen Handelns betreffenden Fragen. Schließlich ist nicht zu übersehen, dass die Hertie School sich im Laufe ihrer Entstehung auch eine unverwechselbar Berliner Identität angeeignet und die vielfältigen intellektuellen, kulturellen und politischen Facetten dieser Stadt auf aufschlussreiche Weise zu reflektieren begonnen hat.

Dieser Essay versucht, die Entstehung dieser unterschiedlichen und sich vielfach überlappenden Identitäten in den Jahren 2000 bis 2005 nachzuzeichnen und in den Zusammenhang zeitgenössischer wissenschafts- und gesellschaftspolitischer Entwicklungen zu stellen. Eine solche Darstellung muss unterschiedlichen Zielen und unterschiedlich interessierten Gruppen von Lesern gerecht werden, was nicht ganz ohne gewisse Verkürzungen, Redundanzen, Vereinfachungen und weiteres Ausholen möglich sein wird.

Zunächst einmal geht es um die Chronik einer mehrjährigen Entwicklung, in deren Verlauf sich unterschiedliche Akteure mit verschiedenen Herkunftsmerkmalen, Erfahrungen und Interessen um ein gemeinsames Konzept für eine neue und relativ neuartige Einrichtung bemüht haben. Im Laufe dieser Entwicklung wurden unterschiedliche institutionelle Erfahrungen, Probleme, Vor- und Leitbilder aus dem deutschen und internationalen wissenschaftlichen Kosmos erörtert, auf ihre Relevanz für das Projekt der Hertie-Stiftung überprüft, weiter durchdacht, angenommen oder verworfen. Dies alles erfolgte unter Rahmenbedingungen politischer, struktureller, finanzieller und personeller Art, die sich im Laufe des Verfahrens zum Teil merklich veränderten und immer wieder neue Antworten und Lösungen erforderten. Hinzu kam, dass der engere Kreis der an dem Projekt Arbeitenden sich im Interesse eines guten Gelingens darauf verständigt hatte, das Vorhaben einem ungewöhnlich breit angelegten Beratungs- und Begutachtungsprozess zu unterwerfen, was wiederum den Zufluss von ernst zu nehmenden und zu überprüfenden Ideen, Vorbildern und Warnungen exponentiell erweiterte.

Allein die Chronik eines solchen Vorgangs (im ersten, umfangreicheren Teil dieses Essays) wird damit ein durchaus komplexes Gebilde, dessen Rekonstruktion die sorgfältige Verarbeitung des gerade in einer solchen Gründungsphase besonders voluminösen Materials und eine ebenso sorgfältige Kartographie der unterschiedlichen Phasen und Handlungsebenen des Planungs- und Gründungsprozesses erfordert.

Dieser ohnehin komplexen Aufgabe des Chronisten fügt sich dann jedoch die diesem Essay ebenfalls gestellte (und dem zweiten Teil vorbehaltene) Aufgabe an, das Profil und die Eigenart dieser Gründung in einen breiteren wissenschaftlichen und wissenschaftspolitischen Kontext zu stellen, die Rolle dieser neuen, privaten School of Governance in diesem Kontext zu ermessen und mit aller gebotenen Zurückhaltung sowohl ein erstes Fazit der Bedeutung dieser Gründung zu ziehen als auch einen Ausblick auf die weitere Entwicklung der School nach den ersten Gründungsjahren zu eröffnen. Während sich die Chronik der Gründung im ersten Teil dieses Essays auf die eigentlichen Gründungsjahre – bis zur Immatrikulation der ersten Studierenden des „Master of Public Policy"-Programms im Herbst 2005 – konzentriert, beschäftigt sich der zweite Teil in einigen mir wichtig erscheinenden Punkten auch mit der Frage, wie die Hertie School im weiteren Verlauf der Entwicklung mit den Prämissen ihrer Gründung umgegangen ist. Auf jeden Fall versteht sich, dass der Prozess der Identitätsfindung für die Hertie School noch längst nicht abgeschlossen ist und der School im zweiten Jahrzehnt ihres Bestehens wichtige Aufgaben einer weiteren Schärfung und vielleicht auch Veränderung ihres Profils ins Haus stehen. Ich möchte hoffen, dass auch für den Umgang mit einer solchen, in die Zukunft gerichteten Herausforderung die Feststellungen dieses Essays von einigem Nutzen sein können.

Erster Teil:
Die Chronik einer
Hochschulgründung –
2000 bis 2005

1. Die Chronologie und Thematik der Anfänge – 2000 bis 2002

1.1 Zur Vorgeschichte einer Idee:
Vom „Hertie-Institut für Europäische Integration" zum
„Hertie Institute for Public Management in Europe"

Am 19. Juni 2002 fand auf Einladung der Gemeinnützigen Hertie-Stiftung (GHSt) in Frankfurt (Main) ein Expertengespräch statt, bei dem es um Pläne der Stiftung für ein „Hertie-Institut für Europäische Integration" im Rahmen einer in Berlin geplanten „European School of Management and Technology" (ESMT) gehen sollte. Dieses Gespräch wurde, wie sich herausstellen sollte, zu einer wichtigen Station auf dem Wege zu der Einrichtung, die inzwischen als Hertie School of Governance aus der deutschen und internationalen Hochschullandschaft nicht mehr wegzudenken ist.

Zu diesem Zeitpunkt war die Vorgeschichte dieser Initiative allerdings schon mindestens zwei Jahre alt, und die Idee eines Projekts der Hertie-Stiftung im Bereich der europäischen Integration hatte bereits die ersten Mutationen hinter sich. Aus dem Arbeitstitel einer „Osteuropa-Akademie" [3] war im Juni 2000, im Rahmen eines ersten Workshops in Kronberg im Taunus, schon die Idee eines „Hertie-Instituts für Europäische Integration" geworden, das „insbesondere die Aus- und Weiterbildung von osteuropäischen Führungs- und Nachwuchskräften in Wirtschaft und öffentlichem Sektor verbessern" sowie „eine Stätte der Begegnung zwischen Ost und West und ein Institut zur wissenschaftlichen Unterstützung des Integrationsprozesses" werden sollte[4].

Die Gründung eines solchen Instituts sollte bereits 2002, im Jahr des Entstehens der Europäischen Währungsunion und als Bestandteil der von führenden deutschen Wirtschaftsunternehmen für Berlin geplanten und im Oktober 2002 gegründeten ESMT erfolgen. Das Institut solle sich, „auf höchstem akademischem Niveau", „den Aufgaben von europäischer Politik und Verwaltung [...] sowie der administrativen Reform der Europäischen Union [widmen]" und zu diesem Zweck sowohl die Ausbildung von Führungs- und Nachwuchskräften als auch ein anspruchsvolles Forschungsprogramm vorsehen, das in seinem Ansatz „interdisziplinär, international und praxisnah" ausgerichtet sein sollte[5]. Für die Hertie-Stiftung sollte diese Initiative ein wichtiger Bestandteil ihres Schwerpunktprogramms „Europäische Integration" werden, das neben Förderprogrammen für die Erziehung zur Demokratie, die neurowissenschaftliche Forschung und die Vereinbarkeit von Beruf und Familie zum systematischen Kern der Stiftungsarbeit gehörte.

Die Arbeiten an der Konzeption dieser Einrichtung waren im Sommer 2002 noch stark – und unter dem Eindruck der für 2004 bevorstehenden Osterweiterung der EU – an der Vorstellung eines Instituts orientiert, für das die weitere europäische Integration im Mittelpunkt stehen sollte. In einem Planungspapier der Stiftung vom Frühjahr 2002 heißt es:

> *Das Hertie-Institut soll die in Forschung und Lehre führende Institution werden für Fragen europäischer Integration sowie für die administrative Reform des europäischen Verwaltungsraumes im Zuge der Osterweiterung der Union. Die Transformationsleistungen der Beitrittsländer Mittel- und Osteuropas und ihre Integration in die Europäische Union werden in der Arbeit des Instituts eine zentrale Rolle spielen.*[6]

Auch in diesem Papier war indessen schon die Rede von Themen wie „good governance" und „Führungslehre", und in den Diskussionen mit den beteiligten Experten gewann die Schlüsselrolle von öffentlicher Verwaltung „in den Veränderungen von Staatlichkeit in

Europa" eine ständig wachsende Bedeutung. Als ein erstes Ergebnis dieser Akzentverschiebung und auf der Basis der Diskussionen beim „Experten-Workshop I" am 19. Juni 2002 in Frankfurt (Main)[7] entstand für die geplante Einrichtung der Arbeitstitel eines „Hertie Institute for Public Management in Europe". Dessen Konzept konnte im Laufe der weiteren Planungen eine Vielzahl von institutionellen Erfahrungen nutzen – etwa die der Führungsakademie Baden-Württemberg (durch die Mitarbeit von Gerhard Teufel), die Studienreformen an der Hochschule St. Gallen (Sascha Spoun), die einschlägigen Arbeiten des Max-Planck-Instituts für Gesellschaftsforschung in Köln (Fritz W. Scharpf), die Geschichte und Konzeption der Kennedy School of Government der Harvard University (James Cooney), die Arbeiten des von Michael Zürn begründeten Sonderforschungsbereichs „Staatlichkeit im Wandel" (SFB 597) an der Universität Bremen, die Beschäftigung mit den Transformationsprozessen in Mitteleuropa (Stanislav Biernat), die Traditionen und Erfahrungen der „professional schools" im Hochschulwesen der USA (Hans Weiler), das Beispiel der Bucerius Law School in Hamburg und die Pläne der ZEIT-Stiftung für eine parallele Gründung für Governance (Ralf Dahrendorf, Bernhard Lorentz, Theo Sommer, Christoph Bertram, Gregor Walter)[8], die Vorstellungen der Berliner Ministerialbürokratie zur Personalentwicklung (Siegmar Mosdorf), aber auch die Erfahrungen der professionellen Weiterbildung in der deutschen Wirtschaft sowie die Entwicklungen in den einschlägigen wissenschaftlichen Disziplinen.

Die Diskussionen dieser ersten Planungsgespräche im Laufe des Jahres 2002 und zu Beginn des Jahres 2003 waren von einem lebhaften Gedankenaustausch unter den beteiligten Experten und zwischen diesen und den Vertretern der Stiftung gekennzeichnet. Insbesondere hatten sich die hier vorgetragenen Ideen der – in der ihm eigenen Mischung aus gesundem Selbstbewusstsein und ebenso gesundem Argwohn – kritischen Aufmerksamkeit des Vorstandsvorsitzenden der Hertie-Stiftung, Michael Endres, zu stellen.

Das Konzept eines Hertie Institute for Public Management in Europe wurde zum ersten Mal im Herbst 2002 in einer Broschüre der Stiftung[9] einem breiteren Publikum vorgestellt. Der Ausgangspunkt des Konzepts war die Einsicht, dass „neue Herausforderungen an staatliches Handeln in Europa" eine „neue Qualität des Public Management in Europa" zwingend erfordern. Diese Herausforderungen ergeben sich aus der „schwindenden Handlungsfähigkeit des Staates", dem Vertrauensverlust der Bürger in das „Lösungsmonopol" der Politik, der Notwendigkeit einer „neuen und transparenten Aufgabenverteilung zwischen Staat und Gesellschaft" und natürlich auch der anstehenden Erweiterung der Europäischen Union nach Mitteleuropa. Das Hertie-Institut sollte sich diesen Herausforderungen mit einem Ansatz stellen, der „die Reform staatlichen Handelns konsequent mit der wachsenden Bedeutung des Non-Profit-Bereichs" verbindet:

[Das Hertie Institute] wird die überkommenen Aufgaben staatlichen Handelns unter ökonomischen und gesellschaftspolitischen Gesichtspunkten hinterfragen und Änderungsvorschläge entwickeln. Es wird die Möglichkeiten eines gemeinsamen europäischen Verwaltungsraumes untersuchen und sich insbesondere der epochalen Transformationsprozesse in Mittel- und Osteuropa annehmen. Das Hertie Institute wird Anregungen entwickeln für eine Neudefinition der europäischen Politik- und Verwaltungswissenschaft wie auch für neue Ausbildungsformen im Bereich des Public Management in Europa.[10]

Man sieht schon hier: Zurückhaltung war diesem Kind nicht in die Wiege gelegt worden. Zentrale Bezugspunkte des Konzepts waren in dieser Phase jedenfalls die im Verbund gesehenen europäischen Probleme von Integration und Transformation vor dem Hintergrund des Wandels von Staatlichkeit. Wichtig und zweifelsfrei war auch von Anfang an der Standort Berlin – „als Ort europäischer Geschichte wie auch als Zentrum politischer Entscheidungen in der Gegenwart". Ein anderer Standort war offensichtlich nie in der Diskussion; gleichzeitig war klar, dass das Institut in seiner inhaltlichen Orientierung, aber auch in seinen Kooperations- und Personalstrukturen eine genuin internationale Einrichtung sein sollte. Ebenso deutlich war schließlich, dass das Institut nach wie vor als „integraler Bestandteil" der am Schlossplatz in Berlin entstehenden ESMT gedacht war, das „für das Anliegen der Gemeinnützigen Hertie-Stiftung ideale Rahmenbedingungen [bietet]"[11].

Der Kern des Ausbildungsprogramms des Instituts sollte ein einjähriger „Master of Public Management" sein, dessen Start ursprünglich schon für den Herbst 2004 vorgesehen war und für den im Sommer 2002 auch schon, vor allem durch Sascha Spoun und Gerhard Teufel, konkrete curriculare Vorarbeiten geleistet worden waren[12]. Zielgruppe dieses Programms sollte „die Führungsschicht in staatlichen Einrichtungen, im Nonprofit-Sektor, in der Wirtschaft und in den Medien" sein. In der damaligen Konzeption wurde eine säuberliche Unterscheidung getroffen, in der sich die Ziele eines solchen „Master of Public Management" von den Programmen anderer Einrichtungen etwa in „public administration", „public policy" oder „European studies" deutlich abgrenzen sollten.

Schon in diesen Diskussionen spielte auch der sich allmählich abzeichnende Bologna-Prozess eine Rolle, der mit der Einführung von gestuften Studienabschlüssen (Bachelor/Master) zum ersten Mal im deutschen Hochschulwesen die Möglichkeit eines vom Grundstudium deutlich geschiedenen weiterführenden Studiums auf der Ebene des Masters und damit gerade für fortgeschrittene Aus- und Fortbildungskonzepte neue strukturelle Möglichkeiten schaffen sollte.

1.2 Vom Hertie Institute for Public Management zur Hertie School of Governance

Die Fortsetzung der Planungsarbeit, die im Übergang von 2002 zu 2003 an Intensität noch erheblich zunahm und auch schon erste Erörterungen von Personalfragen einschloss, war von einigen weiteren wichtigen Kurskorrekturen im Konzept der geplanten Einrichtung gekennzeichnet. Die wichtigsten dürften die folgenden drei gewesen sein:

Vom Institut zur „School"

Relativ bald wurde deutlich, dass sich mit dem Begriff „Institut" die Ansprüche dieser Initiative gerade auch im Bereich der gehobenen Ausbildung nur sehr unvollkommen umschreiben ließen und dass die Planung eindeutig in Richtung einer – wenn auch spezialisierten – Hochschuleinrichtung verlief. In Anlehnung an internationale

Vorbilder (Kennedy School an der Harvard University, Maxwell School in Syracuse, Woodrow Wilson School in Princeton, London School of Economics, Sciences Po in Paris) kam schon in den Planungssitzungen im Herbst 2002 der Begriff einer „School" ins Gespräch, wurde zunächst allerdings noch kontrovers diskutiert – nicht zuletzt mit Rücksicht auf die immer noch als institutionelles „Dach" vorgesehene European School for Management and Technology. In den Planungssitzungen im Juni und Juli 2003, an denen (am 7. und 16. Juli 2003) zum ersten Mal auch Kurt Biedenkopf als designierter Vorsitzender des Kuratoriums teilnahm, setzte sich dann endgültig die Bezeichnung „School" und im Zusammenhang damit auch die Überzeugung durch, dass diese Einrichtung einer eigenen Rechtsform und eigenständiger wissenschaftlicher Verantwortung bedarf. Auf dieser Basis entwickelte sich dann aus dem Konzept einer Eingliederung des Hertie-Projekts in die ESMT die Alternative einer Partnerschafts- und Kooperationsvereinbarung zwischen Hertie-Stiftung und ESMT, in der auch die Einzelheiten der Mitnutzung des Gebäudes am Schlossplatz 1 durch die Hertie School geregelt werden sollten. Im Rahmen dieser Überlegungen wurde auch die alternative Benennung „Berlin School of Governance" erwogen, am Ende aber zugunsten einer deutlichen Kennzeichnung der Bindung an die Hertie-Stiftung verworfen.

Über die Terminologie hinaus signalisierte diese Änderung zweierlei: zum einen die Anerkennung, dass es sich bei dieser Gründung sehr wohl um eine akademischen Maßstäben und Übereinkünften verpflichtete, um einen wissenschaftlichen Lehrkörper und eine immatrikulierte Studierendenschaft herum strukturierte Hochschuleinrichtung handeln sollte. Zum anderen brachte die besondere Ausrichtung auf Fragen der politischen und administrativen Praxis sowie ihre Interdisziplinarität die „School" deutlich in die Nähe des Strukturmodells der „professional school", das im amerikanischen Hochschulwesen – etwa in der Form von Law Schools, Business Schools, Schools of Education usw. – zu Universitätseinrichtungen sui generis mit besonderem Anwendungsbezug und ausgeprägter Interdisziplinarität geführt hat[13].

Von Public Management zu Governance und Public Policy

Eine komplexere Akzentverschiebung, die allerdings in engem Zusammenhang mit den Überlegungen zur institutionellen Form der geplanten Einrichtung erfolgte, stellte der Übergang vom Public Management als dem zentralen Gegenstand der School zu einer primären Orientierung auf Governance und einer komplementären Orientierung auf Public Policy dar. Das war mehr als bloße Nomenklatur. Bestimmend dürfte für diesen Prozess die Überlegung gewesen sein, dass für den Anspruch der School, eine grundlegende Neuorientierung im Umgang mit moderner Staatlichkeit zu erreichen, die Beschränkung auf das bloße Management des öffentlichen Sektors zu eng bemessen gewesen wäre. Gemeinwohl wie das Wohl des Einzelnen hängen in modernen Gesellschaften inzwischen von den Entscheidungen und Maßnahmen nicht nur des Staates, sondern eines komplexen Geflechts von nationalstaatlichen, zivilgesellschaftlichen, privaten und internationalen Akteuren ab. Dieser Ausweitung des Blickfeldes hatte die jüngere Sozialwissenschaft bereits mit der Einführung des Konstrukts von Governance Rechnung getragen[14], und es lag nahe, eine dem angemesseneren Verständnis von modernen Entscheidungs- und Steuerungssystemen verpflichtete School mit diesem umfassenderen Begriff von Governance zu verbinden.

Auch diese Neufassung der inhaltlichen Aufgaben der School ist auf die Gespräche um die Mitte des Jahres 2003 zu datieren, so dass bereits bei der konstituierenden Sitzung des Kuratoriums (Teilnehmer: Biedenkopf, Endres, Lorentz, Mosiek-Müller, Scharpf, Weiler, Zürn) am 15. September 2003 in Frankfurt (Main) (diesmal zum ersten Mal in Anwesenheit des designierten Akademischen Direktors, Michael Zürn) sowohl die formelle Gründung der Hertie School of Governance gGmbH als auch das bis heute verwendete Brandenburger-Tor-Logo der Hertie School beschlossen und die Unterzeichnung des Kooperationsvertrages mit der ESMT durch die Hertie-Stiftung zustimmend zur Kenntnis genommen werden konnten.

Mit der begrifflichen Ausweitung auf Governance ging dann aber auch eine intensivere Beschäftigung mit der wissenschaftlichen Analyse von konkreten politischen Entscheidungen, also mit Public Policy, einher. Mit der Feststellung, dass die sachgerechte Analyse von Politik sich nicht in strukturellen und prozeduralen Kategorien erschöpft, sondern immer auch die Inhalte politischer Entscheidungen zu berücksichtigen hat, war eine wichtige Dimension von Governance gewonnen: Das Treffen und Durchsetzen von Entscheidungen variiert mit den Politikinhalten und stellt sich jeweils anders dar, wenn es um soziale Sicherungssysteme, konjunkturpolitische Entscheidungen, Währungspolitik, Bildungsreform oder internationale Sicherheit geht.

Die inhaltliche Entwicklung der School hat im weiteren Verlauf die zentralen Fragestellungen des Public Management jedoch keineswegs aus dem Auge verloren. Sowohl das Curriculum des MPP-Programms (in dem inzwischen Public Management neben Policy Analysis einer der Studienschwerpunkte ist) wie auch das seit 2008 bestehende Angebot eines „Executive Master of Public Management (EMPM)" widmen den Fragen der Steuerung des öffentlichen Sektors eine dem inzwischen erreichten Stand der Wissenschaft angemessene Aufmerksamkeit.

Business Management und Governance

Dieser Prozess der begrifflichen Klärung und Präzisierung der Aufgabenstellung des Hertie-Projekts hatte zur Folge, dass die ursprünglich angedachte strukturelle Integration mit der ESMT neu zu überdenken war. In dem Maße, in dem das Hertie-Projekt seine Konzeption über den klassischen Bereich des Public Management hinaus in Richtung auf Governance und Public Policy entwickelte, reduzierten sich bis zu einem gewissen Grade die Berührungspunkte und Schnittmengen mit einer klassischen, auf die Management-Probleme privater Unternehmen konzentrierten Business School. Um das, was dennoch an Schnittmengen zwischen diesen beiden Einrichtungen vorhanden war, so weit und so fruchtbar wie möglich zu nutzen, wurde statt einer Eingliederung der Hertie School in die ESMT eine eigene Rechtspersönlichkeit für die Hertie School gewählt und eine enge institutionelle Kooperation zwischen den beiden Einrichtungen vorgesehen, die im Herbst 2003 in einem Kooperationsvertrag festgeschrieben wurde und auch in der gemeinsamen Nutzung des ESMT-Campus am Schlossplatz 1 in Berlin ihren Ausdruck finden sollte.

Im Nachhinein mögen die in den vorangehenden Abschnitten dargestellten Übergänge und Entwicklungen als durchaus linear und zielführend erscheinen, und sie dürfen für sich wohl auch ein beachtliches Maß von Rationalität beanspruchen. Der ehrliche Chronist wird aber nicht verschweigen dürfen, dass dieser Prozess in Wirklichkeit manche harte Auseinandersetzung um Grundsätze, Schwerpunkte und auch Formulierungen umfasste, was in einem Kreis erfahrener, sachkundiger und ausgeprägter Persönlichkeiten auch nicht anders zu erwarten war. Es war jedoch bemerkenswert, wie immer wieder – manchmal mit Hilfe eines guten Essens und/oder eines guten Weins – Verständigungen, Lösungen oder Kompromisse gefunden wurden.

2. 2003 – Die Idee wird Wirklichkeit

2.1 Von Beratern zu Akteuren: Die personelle Konsolidierung

Das Jahr 2003 stand nach diesen konzeptionellen Vorarbeiten ganz unter dem Zeichen der konkreten Umsetzung dieser nun schon seit einiger Zeit gehegten Idee. Im Februar begann Bernhard Lorentz als designierter Geschäftsführer den Aufbau eines Sekretariats in angemieteten Räumen in der Oranienburger Straße. In seiner früheren Tätigkeit hatte Lorentz, zusammen mit Ralf Dahrendorf und Theo Sommer, die ZEIT-Stiftung in dem Bemühen unterstützt, parallel zur Bucerius Law School eine „Bucerius School of Governance" einzurichten. Obwohl sich die ZEIT-Stiftung am Ende nicht zu einer solchen Gründung entschließen konnte, waren dort bereits wichtige Vorarbeiten geleistet worden, die eine bemerkenswerte Konvergenz zu den Planungen auf der Seite der Hertie-Stiftung aufwiesen und sich für die Umsetzung des Hertie-Projekts als sehr hilfreich erweisen sollten. Bernhard Lorentz blieb der Hertie School bis zu seinem Ausscheiden im Juni 2004 erhalten; er wurde vom 1. Oktober 2004 an in beratender Funktion und ab 1. Mai 2005 in Vollzeit von Christiane Neumann (vormals Wissenschaftszentrum Berlin) ersetzt.

Im Juni 2003 konnte Kurt Biedenkopf, Ministerpräsident des Freistaats Sachsen von 1990 bis 2002, als Vorsitzender des Kuratoriums der Hertie School gewonnen werden, der sich sehr bald mit einem programmatischen Grundsatzpapier zur Konzeption und zum wissenschaftlichen Auftrag der Hertie School[15] in die Diskussion um die weitere Schärfung des Profils der Hochschule einschaltete. Im August schließlich führten trilaterale Verhandlungen zur gemeinsamen Berufung von Michael Zürn an das Wissenschaftszentrum Berlin für Sozialforschung (WZB) und gleichzeitig als Akademischer Direktor und Dean an die Hertie School. Zürn hatte sich, u. a. als Begründer und Leiter eines Sonderforschungsbereichs über „Staatlichkeit im Wandel" (SFB 597) an der Universität Bremen, in der Fachwelt bereits einen Namen in der wissenschaftlichen Beschäftigung mit Fragen moderner Governance gemacht. Mit der gemeinsamen Berufung Zürns war gleichzeitig auch die erste Partnerschaft mit einer bestehenden wissenschaftlichen Einrichtung von Rang – dem WZB – begründet, der in der Folge weitere örtliche und internationale Partnerschaften folgen sollten.

In der Governance-Struktur der School selbst konsolidierte sich im Herbst 2003 der bisherige Berater- und Planungskreis in einem Kuratorium, dem zunächst neben Kurt Biedenkopf und dem Vorstandsvorsitzenden der Hertie-Stiftung, Michael Endres, der ehemalige Direktor des Max-Planck-Instituts für Gesellschaftsforschung in Köln, Fritz W. Scharpf, sowie der Autor dieses Essays, und ab Dezember 2004 auch der Vorsitzende des Ostausschusses der deutschen Wirtschaft, Klaus Mangold, sowie der Intendant des Norddeutschen Rundfunks (NDR), Jobst Plog, angehörten[16]. In der Anfangsphase war das Kuratorium das für die inhaltliche, organisatorische und finanzielle Gestaltung der Hertie School sowie für Personalfragen zuständige Aufsichtsgremium. Im Rahmen einer Differenzierung der Governance-Struktur wurden im März 2006 die Aufsichtsfunktionen auf das Kuratorium – zuständig für die inhaltliche und programmatische Ausrichtung sowie die Berufung der Professoren – und einen Aufsichtsrat – zuständig für die administrative und finanzielle Aufsicht – aufgeteilt.

2.2 Von der Idee zum Konzept: Die inhaltliche Konsolidierung

Auf der Basis der Diskussionen unter den von der Hertie-Stiftung eingeladenen Experten im weiteren Verlauf des Jahres 2002 und im sich 2003 konstituierenden Kuratorium war im Laufe des Jahres 2003 die inhaltliche Konsolidierung des Konzepts einer Hertie School of Governance die zentrale Aufgabe. Für die Bewältigung dieser Aufgabe stellten die im Rahmen der ZEIT-Stiftung geleisteten inhaltlichen Vorarbeiten eine wichtige Hilfe dar. Die erste umfassende Präzisierung eines Konzepts der School entstand dann in dem von Kurt Biedenkopf im Juli 2003 erstellten Konzeptpapier zur „Konzeption und zum wissenschaftlichen Auftrag" einer Hertie School of Governance. Das in diesem Papier dargelegte Konzept wurde sodann zum Gegenstand einer intensiven Begutachtung durch eine Gruppe von international ausgewiesenen Experten im Bereich von Public Policy und Governance sowie – aufbauend auf diesen Gutachten – einer mit einschlägigen Wissenschaftlern und Praktikern besetzten Konferenz auf Schloss Vollrads im November 2003. Die Ergebnisse dieses Verfahrens fanden zum Ende dieses Jahres ihren auf Operationalisierung angelegten Niederschlag in einem ausführlichen „Mission Statement" des ersten Deans der Hertie School, Michael Zürn, das als Leitfaden für die nun beginnende Aufbauarbeit gelten sollte. Seine erste öffentliche Darstellung erfuhr das Konzept der Hertie School unter zahlreicher Beteiligung aus Politik, Wissenschaft und Verwaltung in der Gründungskonferenz über „Staatlichkeit im Wandel" im April 2004. Maßgeblich für die inhaltliche Ausrichtung der professionellen Ausbildung an der künftigen School wurde schließlich eine internationale Curriculum-Konferenz im April 2004, die der Entwicklung des Curriculums für das „Master of Public Policy"-Programm der School gewidmet war. Die einzelnen Phasen und Komponenten dieser inhaltlichen Konsolidierung werden in den folgenden Abschnitten ausführlicher dargestellt.

Vorläufer und Vordenker: „Staatlichkeit im Wandel"
und Pläne für eine Bucerius School of Governance

Zum Zeitpunkt der Planungsdiskussionen für eine Hertie School of Governance 2002/2003 hatte der Topos „Governance" in Deutschland schon einige institutionelle Fixpunkte gefunden. Dazu gehörte ein von der Deutschen Forschungsgemeinschaft neu bewilligter und von Michael Zürn initiierter und geleiteter Sonderforschungsbereich „Staatlichkeit im Wandel" (SFB 597) an der Universität Bremen, in dessen diversen Projektbereichen unterschiedliche Aspekte der Governance-Problematik thematisiert wurden[17].

Gleichzeitig, und durchaus in gegenseitiger Kenntnis, hatte die ZEIT-Stiftung mit Überlegungen begonnen, der erfolgreichen privaten Gründung der Bucerius Law School eine Bucerius School of Governance an die Seite zu stellen. Die stark von Ralf Dahrendorf beeinflussten und von Theo Sommer und Bernhard Lorentz betreuten Vorarbeiten zu einer solchen School hatten bereits für den Inhalt und die Notwendigkeit eines umfassenden Konzepts von Governance einen soliden Boden bereitet und stellten – nachdem die ZEIT-Stiftung beschlossen hatte, diese Pläne nicht weiter zu verfolgen – für die Planung der Hertie School ebenfalls einen wichtigen Beitrag dar. Schon hier war deutlich geworden, dass Governance sich „auf die Steuerung, Direktion und Kontrolle politischer Entscheidungsprozesse, staatlicher Verwaltungsmechanismen und auf das Zusammenwirken von Politik und Verwaltung mit den Gruppierungen der Bürgergesellschaft" bezieht und damit mehr als Regieren meint und „Regime und Netzwerke, Normen und Regeln, Prozeduren und Praktiken, die den Entscheidungen zugrunde liegen", umfasst[18]. Aus diesem Anspruch ergab sich, dass eine einem solchen Konzept verpflichtete „School of Governance" auf jeden Fall „mehrdimensional, interdisziplinär und trisektoral" sein müsse: mehrdimensional in dem Sinn, dass sie sich mit den lokalen, regionalen, nationalen und internationalen Ebenen politischer Entscheidungs- und Steuerungsmechanismen zu befassen hat; interdisziplinär in der Nutzung der Einsichten einer Mehrzahl von wissenschaftlichen Disziplinen; und trisektoral in der Zusammenschau der die „Öffentlichkeit" ausmachenden Sektoren – Politik und öffentliche Verwaltung, private Wirtschaft und die Organisationen des Nichtregierungs- und des Non-Profit-Sektors[19].

Neben den inhaltlichen Anregungen, die die Planung des Hertie-Projekts aus den Vorarbeiten der ZEIT-Stiftung schöpfen konnte, war für die zügige Entwicklung dieses Projekts auch eine beträchtliche personelle Kontinuität von großem Wert. Bernhard Lorentz und seine Mitarbeiter Christoph Bertram und Gregor Walter brachten aus ihrer Arbeit an dem Bucerius-Projekt viele einschlägige Erfahrungen mit [20], und auch Michael Zürn als designierter akademischer Direktor der Hertie School war an den Bucerius-Überlegungen beteiligt gewesen.

Die Vision einer modernen School of Governance:
Kurt Biedenkopfs Konzeptpapier
Inhaltlich fanden die Überlegungen des Jahres 2003 zur programmatischen Ausrichtung der Hertie School einen ersten Kristallisationspunkt in dem Grundsatzpapier, das Kurt Biedenkopf im Juli 2003 zum ersten Mal vorgelegt und für einen breiteren Begutachtungs- und Diskussionsprozess – u. a. bei der Vollrads-Konferenz im November 2003 – zur Verfügung gestellt hatte[21], sowie in dem auf diesem Prozess aufbauenden „Mission Statement" des Akademischen Direktors und Deans, Michael Zürn, vom Dezember 2003[22].

Biedenkopf geht in seinem Grundsatzpapier von zwei Feststellungen aus. Zum einen sieht er „ein wachsendes Ungleichgewicht zwischen dem staatlichen und dem bürgerlichen Bereich des Gemeinwesens und zunehmende Probleme der Aufgabendefinition und -bewältigung und der Allokation von Ressourcen"; dieses Ungleichgewicht hat für ihn weitreichende Konsequenzen für die Anpassungs-, Reform- und Innovationsfähigkeit der Gesamtgesellschaft. Zum anderen betont er „Umfang und Geschwindigkeit der Veränderungen unserer staatlichen und gesellschaftlichen Wirklichkeit", unter denen er „die demographische Revolution, die, zusammen mit der Einwanderung, die Lebensverhältnisse während des gesamten 21. Jahrhunderts wie keine andere Veränderung beeinflussen wird" sowie den „Übergang vom Industriezeitalter in das Wissenszeitalter" und die damit verbundenen „Veränderungen der Arbeitswelt, der Gestaltungsformen der Arbeit und des Wirtschaftens" für besonders bedeutungsvoll hält.

Diese Feststellungen münden für ihn in der Notwendigkeit „politischer, struktureller, wirtschaftlicher, sozialer, aber auch kultureller

Innovationsschübe, deren Dimensionen [...] alle Bereiche des staatlichen und gesellschaftlichen Lebens erfassen, von Umbrüchen gewohnter Strukturen (Rentensystem, Gesundheitssystem, Veränderungen der Arbeitswelt, Einwanderungen) und von politischen Spannungen begleitet sein [werden], deren friedliche und geordnete Beherrschung der Kunst des Regierens bisher nicht erprobte Leistungen und Belastungen abverlangen wird". Damit aber wird die zentrale Frage für die Hertie School und ihr Programm: „Wie müssen die staatlichen und gesellschaftlichen Strukturen gestaltet und wie muss ihr Verhältnis zueinander beschaffen sein, damit die notwendigen Entwicklungen und Erneuerungen stattfinden und zu nachhaltigen Ergebnissen führen können?"

Vor dem Hintergrund dieser Frage entwickelt Biedenkopf sodann die zehn Thesen, in denen er die inhaltliche Agenda einer zukunftsweisenden School of Governance resümiert:

1. Verfassungsfragen (Strukturen, Organisation, Zuständigkeiten) sind Machtfragen. Sie müssen als solche gesehen werden. Ihre theoretische und praktische Bearbeitung setzt eine umfassende und belastbare Erforschung der Sachverhalte voraus. Die Aufklärung machtrelevanter Sachverhalte stößt in der Regel auf Widerstände der betroffenen Besitzstände. Diese Widerstände müssen überwunden werden.

2. Offene, durch Märkte, Wettbewerb und Regelkreise geprägte Ordnungen sind nach allen Erfahrungen innovativer, effizienter, anpassungsfähiger und – vor allem – freiheitlich. Sie sind insoweit hierarchischen Ordnungen überlegen. Das jeweilige Verhältnis der Zuständigkeiten (Dimensionen, Ausdehnungen) der hierarchischen und der offenen (Bürger-) Ordnungen gibt somit auch Auskunft über die voraussichtliche Leistungs- und Wettbewerbsfähigkeit des Gesamtstaates.

3. Die Ausdehnung des staatlichen Bereichs über die Grenzen des klassischen, das staatliche Gewaltmonopol begründenden Aufgaben und seine zunehmend interventionistische Durchdringung des bürgerlichen Sektors beeinträchtigt die

Leistungsfähigkeit des Staates und der Bürgergesellschaft. Sie relativieren die Grenzen zwischen den staatlichen und den bürgerlichen Bereichen und führen zu einer Grauzone, in der sich eine Vergesellschaftung des Staates und eine Verstaatlichung gesellschaftlicher Strukturen vollziehen.

4. Sie erodieren zugleich die für den demokratischen Rechtsstaat unverzichtbare Trennung und Unterscheidung der staatlichen (hoheitlichen) und gesellschaftlichen Ebenen. Sie befördern schließlich die Entwicklung korporatistischer Strukturen, in denen der Staat organisierte Interessen an der Ausübung seiner inneren Souveränität beteiligt. Die damit verbundene Erweiterung und Verformung des hoheitlichen [Staates] zum „Verhandlungsstaat" entleert zugleich parlamentarische Zuständigkeiten (Legitimationsverlust).

5. Die Ausweitung staatlicher Zuständigkeiten durch die Inanspruchnahme immer neuer Gestaltungsfelder stärkt nicht nur die Exekutive. Sie erweitert und stärkt auch die bürokratischen Strukturen, erhöht ihre faktische Durchsetzungskraft und begünstigt eine Verlagerung staatlicher Aufgaben „nach oben". Dieser Prozess findet nicht nur in Deutschland und anderen EU-Staaten, sondern in ähnlicher Weise auch in der EU selbst statt. Die in Brüssel entstandene Struktur informeller Gremien, Ausschüsse, Beratungs- und Entscheidungsvorbereitungen unter Teilnahme von Politikern, Beamten, Bürokraten aus allen staatlichen Ebenen, NGO's, Verbands-, Organisations-, Unternehmens- und sonstigen Interessenvertretern – genannt „Komitologie" – gehört zu den höher entwickelten Beispielen einer faktischen Kompetenzerweiterung bürokratischer und korporatistischer Strukturen, die keiner parlamentarischen Kontrolle mehr unterliegen.

6. Sie führt zugleich zu einer Schwächung des Parlaments und einem Abbau föderaler und subsidiärer Strukturen. Sie verringert die Transparenz staatlichen Handelns und erschwert die

Zuordnung der Verantwortung für dessen Folgen. Die damit verbundene Delegitimation des demokratischen Prozesses führt zur Entfremdung zwischen Bürgern und den demokratischen Institutionen (Wahlenthaltung, Verlust des Vertrauens, Entpolitisierung).

7. Die delegitimierende Wirkung der Expansion des staatlich-bürokratischen Sektors und die korporatistische Protektion wirtschaftlicher Sonderinteressen zu Lasten des Allgemeinwohls erzeugen gesellschaftliche Gegenbewegungen. Unter ihnen gewinnen die NGO's zunehmend an Bedeutung. Sie wirken als Gegenkraft und als Innovationskraft. Ihre Existenz ist jedoch zugleich ein Symptom für die Existenz verfassungspolitischer Defizite im eigentlichen demokratischen Prozess. Diese Defizite können sie mangels demokratischer Legitimation nicht ausgleichen.

8. Die Delegitimation der durch die Verfassung geordneten demokratischen Strukturen und Verfahren verringert den verfassungspolitischen Grundkonsens des Gemeinwesens und damit auch seinen inneren Zusammenhalt (Verfassungspatriotismus als konsensstiftende Kraft).

9. Auf europäischer Ebene führen vergleichbare Entwicklungen zu einer Lähmung der Kohäsionskräfte, die die Union zusammenhalten. Die Stärkung dieser Kräfte wird auch von einer europäischen Verfassung erwartet. Sicher ist jedenfalls, dass die ständig fortschreitende „bürokratische Integration" Europas derartige Kräfte nicht hervorbringt. Sie stärkt vielmehr die Zentrifugalkräfte innerhalb der Union und erschwert nachhaltig den ohnehin schwierigen Prozess der Integration der neu hinzu tretenden mittel- und südosteuropäischen Mitgliedstaaten.

10. Diese und aus ihnen resultierende weitere Deformationen unserer Verfassungsordnung müssen durch die Entwicklung offener Strukturen in den derzeit durch staatliche Expansion besetzten Bereichen abgelöst werden. Diese Strukturen beruhen auf den Grundsätzen der Bürgerfreiheit und Bürgerverantwortung, der Subsidiarität, der Konnexität von Entscheidungsbefugnis und Verantwortung, der Vielfalt und dem Wettbewerb als Steuerungs- und Entmachtungsverfahren, der Steuerung durch Regelkreise und auf der Privatrechtsordnung. Ob derartige Strukturveränderungen gelingen, ist eine Machtfrage.[23]

Das Konzept auf dem Prüfstand:
Internationale Begutachtung und Vollrads-Klausur
Die auf der Planung der Jahre 2002 und 2003 aufbauende und von dem Biedenkopf-Papier gestützte Gesamtschau der Aufgabenstellung einer modernen School of Governance hatte die Voraussetzungen dafür geschaffen, das Konzept der Hertie School einem anspruchsvollen Prozess der Begutachtung und kritischen Erörterung zu unterziehen. Dieser Prozess vollzog sich in der zweiten Hälfte des Jahres 2003 in zwei miteinander verschränkten Abläufen: einer Begutachtung des Konzepts durch eine sorgfältig ausgewählte Gruppe von international ausgewiesenen Experten im Bereich von Public Policy und Governance sowie einer auf dem Ergebnis dieser Begutachtung basierenden Konzeptklausur mit Wissenschaftlern und Praktikern auf Schloss Vollrads im Rheingau im November 2003.

Die im folgenden aufgeführten Gutachter haben sich an diesem Verfahren mit zumeist sehr eingehenden Stellungnahmen beteiligt:

Peter A. Hall, Harvard University[24]
Peter Katzenstein, Cornell University
Jürgen Kocka, Wissenschaftszentrum Berlin*
Stephen Krasner, Stanford University
Hinrich Lehmann-Grube, Oberbürgermeister a. D., Leipzig*
Thomas de Maizière, Staatsminister der Justiz, Freistaat Sachsen
Renate Mayntz, Max-Planck-Institut für Gesellschaftsforschung, Köln*
Andrei Gabriel Plesu, New Europe College, Bukarest
Dirk Reimers, ZEIT-Stiftung, Hamburg*
Thomas Risse, Freie Universität Berlin*
Gunnar Folke Schuppert, Humboldt-Universität Berlin*
Anne-Marie Slaughter, Woodrow Wilson School, Princeton University

Georg Sørensen, Aarhus University*
Helen Wallace, European University Institute, Florenz

Die Gutachten wurden im Vorfeld der Vollrads-Klausur von Michael Zürn und seinen Mitarbeitern einer sorgfältigen Analyse unterzogen. Die darauf beruhende Zusammenfassung von Zürn[25] stellte zunächst eine Reihe von Punkten fest, in denen unter den Gutachtern hinsichtlich der Ausrichtung der Hertie School weitgehende Übereinstimmung herrschte:

1. Nachfrage: Einhellig wird eine hohe abstrakte und normative Nachfrage nach den Leistungen der geplanten School konstatiert[26].
2. Standort: Der Standort Berlin wird einhellig befürwortet.
3. Schwerpunkt Governance: Alle Gutachter halten diesen Schwerpunkt für relevant und richtig, da er die Dichotomie von Staat und Markt durch die Einbeziehung anderer Formen von sozialer Steuerung ergänzt.
4. Schwerpunkt EU: Alle Gutachter halten sowohl den Mehrebenen-Charakter des Konzepts von Governance wie auch eine besondere Berücksichtigung der Governance-Probleme der EU für einen wesentlichen Schwerpunkt in der Arbeit der Hertie School.
5. Problemlösung: Ergebnisorientierung und Problemlösung werden einstimmig für wichtige Merkmale der Hertie School gehalten; Biedenkopfs Analysen der Probleme moderner Staatlichkeit werden geteilt, seine Lösungsvorschläge zugunsten von Privatisierung und Deregulierung indessen für ergänzungsbedürftig gehalten.
6. Reformorientierung: Der School wird einhellig eine reformorientierte politische Zielrichtung im Sinne einer auf Wandel und gegen die Bewahrung des Status Quo gerichteten Kraft empfohlen; Wandel zu organisieren und zu erreichen gelten als zentrale Kompetenzen für das Ausbildungsprogramm der School.
7. Inter- und Multidisziplinarität: Findet – explizit oder implizit – die einhellige Unterstützung aller Gutachter.
8. Praxisorientierung: Executive Seminars werden befürwortet, allerdings nur für „Mid-career"-Teilnehmer. Praktiker sollen im Interesse innovativer Beiträge in die Ausbildung einbezogen werden.

9. Flexibilität: Verwaltung, Curriculum sowie die Rekrutierung erstklassiger Wissenschaftler sollten so flexibel wie möglich gehandhabt werden.

10. Bedingungen des Erfolgs: Der Erfolg der Hertie School wird in der Einschätzung der meisten Gutachter von drei Voraussetzungen abhängen: (a) der Gewinnung erstklassiger internationaler Wissenschaftler; (b) der von Anfang an sicher gestellten Platzierung der Absolventen der School in einschlägigen beruflichen Positionen; und (c) der längerfristigen Unterstützung und Finanzierung durch die Hertie-Stiftung. Im Zusammenwirken dieser drei Faktoren muss eine „Marke" (brand name) entstehen, die das Erreichen der hochgesteckten Ziele befördern wird.

Diesem Katalog von Konsens stellt die Zürnsche Zusammenfassung eine Reihe von offenen Fragen gegenüber, zu denen in den Gutachten z. T. unterschiedliche Positionen bezogen werden und eine weitere Diskussion im Rahmen der Vollrads-Klausur geboten erscheint:

1. Ist die Nachfrage nach den Leistungen der Hertie School lediglich abstrakt und normativ oder auch real?

2. Führungsakademie (konzentriert auf Executive Seminars) oder Professional School (nach dem Muster etwa der Kennedy School)?

3. Einjähriger „Master of Governance" oder zweijähriger „Master of Public Policy"? Ist beides anzubieten machbar?

4. Es besteht Konsens, dass die School sowohl in der Forschung wie in der Ausbildung tätig sein soll. Sollte das Profil der School (und damit auch die Rekrutierung der dort tätigen Wissenschaftler) aber in erster Linie durch ein Forschungsprogramm oder durch den Inhalt der Ausbildung (das Curriculum) definiert werden?

5. Wo müssten angesichts beschränkter Ressourcen die Prioritäten liegen: bei erstklassiger Lehre oder bahnbrechender Spitzenforschung?

6. Soll die School das zentrale Thema von Governance in seiner ganzen Breite oder aber in fokussierter und Profil bildender Weise bearbeiten?

7. Deutschland, Europa oder die Welt? Wo sollte der Schwerpunkt der Tätigkeit der School liegen? Kann eine Konzentration auf eine Ebene – z. B. Europa – sich eine angemessene Transparenz für die Governance-Probleme der anderen Ebenen bewahren?

8. Welche Rolle sollen Juristen an der School spielen? Keine – eine dominierende – eine gleichberechtigte unter allen einschlägigen Disziplinen?

9. Fachliche Exzellenz oder Fähigkeit zur multidisziplinären Kommunikation und Kooperation?

10. Wie lassen sich hochqualifizierte Mitarbeiter mit internationaler Reputation gewinnen – mit Zeit (zum Forschen) und/oder Geld?

Die Diskussionen in Vollrads haben sich in unterschiedlicher Intensität und mit unterschiedlichem Erfolg dieser Fragen angenommen; ein erster Versuch, auf der Basis der in den Gutachten geäußerten Positionen und Argumente und der Diskussionen in Vollrads eine Orientierung für die Arbeit der Hertie School zu erreichen, findet sich im weiter unten vorgestellten „Mission Statement" des ersten Deans der School.

Wie bereits diese zusammenfassenden Informationen zeigen, boten die eingeholten Gutachten eine Fülle von Diskussionsstoff für den Kreis von Wissenschaftlern und politischen und administrativen Praktikern, die im November 2003 nach Schloss Vollrads zu einer „Konzeptklausur" eingeladen wurden. Neben einigen der Gutachter setzte sich der Kreis der geladenen Teilnehmer aus Wissenschaftlern einschlägiger Fachgebiete (darunter solchen mit Erfahrung in benachbarten Ausbildungsprogrammen), erfahrenen Politikern und administrativen Führungskräften aus Bund, Ländern und Kommunen, den Mitgliedern des Kuratoriums und Vertretern der Hertie-Stiftung zusammen[27]. Ziel der Klausur war es, vor dem Hintergrund der eingeholten Gutachten das Konzept der Hertie School auf den Prüfstand sowohl der einschlägigen „scientific community" als auch der künftigen Abnehmer ihrer Forschungs- und Ausbildungsleistungen zu stellen.

Die überaus reichhaltigen Beiträge sowohl der Gutachten als auch der Diskussionen in Vollrads hätten über das hier Berichtete hinaus ein eigenes Kapitel verdient. Im Rückblick auf die Diskussion[28] hervorzuheben wären

- eine insgesamt positive Einschätzung des Strukturmodells der „professional school" bei gleichzeitigen Vorbehalten gegen bestimmte Aspekte seiner Verkörperung in den US-amerikanischen Public Policy Schools und einer Betonung der Notwendigkeit eines europäischen Bezugsrahmens für die Hertie School;
- eine weitgehende Übereinstimmung mit der Problemanalyse des Biedenkopf-Papiers, verbunden mit unterschiedlichen Bewertungen der darin enthaltenen Lösungsansätze, vor allem im Hinblick auf Maßnahmen zur Privatisierung und Deregulierung;
- die Betonung, dass zur Domäne einer zeitgemäßen School of Governance nicht nur Staat und Markt, sondern auch die Zivilgesellschaft gehöre;
- der Hinweis auf die subtilen, aber wichtigen Unterschiede zwischen Governance und Public Policy;
- die Bekräftigung der Notwendigkeit, dass die Hertie School sich sowohl der Forschung wie der Lehre anzunehmen hat, allerdings mit erheblichen Varianzen in der jeweiligen Gewichtung, und dass dem eine Forums- oder Öffentlichkeitsfunktion zugeordnet werden muss;
- die Bedeutung, aber auch die Schwierigkeiten der Rekrutierung von herausragenden Wissenschaftlern für die Hertie School[29] und die besseren Chancen bei Berufseinsteigern und älteren Wissenschaftlern;
- die wichtige Rolle von institutionellen Partnerschaften und Verbünden, an denen die Forschungsinteressen der an der Hertie School Lehrenden anknüpfen (ggf. in der Form von „joint appointments"), in denen aber auch „joint" und „dual degrees" möglich sein können;
- die Nützlichkeit von „Brückenbegriffen" (wie „Entscheidung", „Legitimation" etc.) für die Herstellung von Interdisziplinarität in Forschung und Lehre;
- der Hinweis auf die Notwendigkeit, das übliche, stark auf die Sozialwissenschaften ausgerichtete Fächerspektrum einer Public Policy School um kulturwissenschaftliche, historische und normativ-philosophische Elemente zu ergänzen – nicht zuletzt zur besseren Erschließung der Lokalität und Kontextualität von

Governance und zur Wahrung eines stärker europäischen Profils der School;
– die Bekräftigung eines tatsächlichen Bedarfs für die Leistungen einer School of Governance (u. a. durch den Verweis auf die für die ZEIT-Stiftung von Ronald Berger durchgeführte Bedarfsanalyse).

Zusammenfassend lässt sich sagen, dass Konzept und Programm der Hertie School in diesem anspruchsvollen Rahmen auf breite Unterstützung und Zustimmung trafen – verbunden mit einer Vielzahl von Anregungen, von denen viele in der Folge Eingang in die weitere Entwicklung der School fanden. Es darf angenommen werden, dass das Ambiente des alten Weinguts und die zu später Stunde verkosteten guten Tropfen die Qualität der Diskussion vorteilhaft beeinflusst haben.

Zum Profil der Hertie School – Michael Zürns „Mission Statement"
Auf der Basis der Vorarbeiten der ZEIT-Stiftung, der in Biedenkopfs Konzeptpapier entwickelten Vorstellungen und der in den Gutachten von 2003 und den Diskussionen der Vollrads-Klausur eingeholten Stellungnahmen unternahm Michael Zürn gegen Ende des Jahres 2003 eine Standortbestimmung für die Hertie School, die in seinem „Mission Statement" formuliert ist[30]. Darin bekräftigt Zürn Biedenkopfs Problemanalyse und nimmt sie zum Ausgangspunkt seiner eigenen Vorstellungen zu den konkreten Aufgaben der Hertie School:

Es geht in der Hertie School of Governance um die Frage, wie die zentralen normativen Errungenschaften gelungener Staatswerdung – die individuelle und kollektive Sicherheit, die Herrschaft des Rechts und die individuelle Freiheit, demokratische Legitimation sowie Chancengleichheit und sozialer Ausgleich – in einer veränderten Welt, mit neuen, teilweise postnationalen Formen der Staatlichkeit, erhalten und gestärkt werden können. Die Hertie School versteht sich also als eine Professional School for Public Policy in der Mitte Berlins und damit Europas, die dem Anspruch guten Regierens in einem europäischen Kontext wissenschaftlich verpflichtet ist.

Aus dieser Prämisse leitet er eine Bedarfsanalyse ab, die die doppelte Herausforderung von Globalisierung und dem Entstehen neuer Steuerungsformen in Staat und Gesellschaft anerkennt und zu dem Schluss kommt, dass das deutsche Hochschul- und Wissenschaftssystem bisher keine angemessene institutionelle Antwort auf diese Herausforderung gefunden habe und es deshalb zu einer den Biedenkopfschen Ansprüchen genügenden School of Governance weder eine Alternative noch eine Konkurrenz gebe.

Daraus folgt als Anforderung an eine Ausbildung öffentlicher Führungskräfte: dem Nachwuchs müssen solide Kenntnisse sowohl über grenzüberschreitende politische Herausforderungen sowie über diejenigen internationalen Regime und Organisationen vermittelt werden, die diesen Herausforderungen begegnen können. Zu dieser Kompetenz gehört insbesondere die Fähigkeit, komplexe transnationale Prozesse als auch den Mehrebenencharakter von Politik in dieser internationalisierten Zeit analysieren und verstehen zu können.

Aus dieser Überlegung ergibt sich eine zweite Anforderung an die Ausbildung zukünftiger Entscheidungsträger: Sie müssen mit vielfältigen Modellen der regulatorischen Steuerung auf den unterschiedlichsten Ebenen vertraut sein und sich in den unterschiedlichen „Welten" des Staates, der Wirtschaft und der Zivilgesellschaft in gleicher Weise bewegen und bewähren können.

Staatlichkeit befindet sich in einer Phase der Neuorientierung. Regierungen sind heute auf vielfältige Formen der Kooperation angewiesen, sowohl national als auch international, sowohl mit anderen Staaten als auch zunehmend mit privaten bzw. zivilgesellschaftlichen Akteuren. Staatlichkeit befindet sich im Wandel, auch und gerade in der Bundesrepublik Deutschland. Um diese Grundentwicklung sollten Nachwuchsführungskräfte wissen. Internationale Politik und internationale Institutionen sollten ihnen ebenso vertraut sein wie moderne Steuerungsthe-

orie, die Grundlagen erfolgreicher interkultureller Kommunikation und die zentralen Fragen der Ethik gesellschaftlichen Handelns. Der systematische Erwerb solcher Kenntnisse bei den öffentlichen Eliten wird in diesem Lande immer noch durch Rekrutierungskriterien eigener Art behindert: das Juristenmonopol und die Parteienpatronage. Diese beiden Rekrutierungskriterien sind Ausdruck einer Absicherungsmentalität, die zum einen Entscheidungen rechtmäßig und damit nicht anfechtbar machen und sich zum anderen Unterstützung im national gedachten politischen Raum sichern möchte. Einem international angelegten Verständnis von Problemlösungen stehen sie jedoch eher im Wege. In einer Studie zur Global-Governance-Tauglichkeit des politischen Systems der Bundesrepublik Deutschland heißt es dementsprechend: „Der Absolvent einer ‚Global Governance School' von morgen muss andere Fähigkeiten mitbringen als der Verwaltungsjurist von gestern. Weil Regierungen sich nicht mehr auf die Steuerungskraft ihrer klassisch-hierarchischen Bürokratien verlassen können, kann sich die Regierungstätigkeit nicht mehr in der Formulierung und Umsetzung allgemein verbindlicher Entscheidungen in spezialisierten und weitgehend abgeschotteten Arbeitseinheiten erschöpfen." Und weiter: „Es wäre sicher falsch zu behaupten, dass [...] Global Governance-Kompetenzen im deutschen politischen System nicht vorhanden wären. Aber es ist auch sicher richtig zu betonen, dass sie nirgendwo systematisch entwickelt, vermittelt, gelehrt, gelernt und verstärkt werden."[31] Das Gesagte gilt aber nicht nur für den politischen Bereich im engeren Sinne, sondern auch für Akteure in Wirtschaft und Zivilgesellschaft.

Dieser Zusammenhang führt für Zürn zu Strukturmerkmalen und Entwicklungsperspektiven der Hertie School of Governance, die er in neun Punkten zusammenfasst und deren Kerninhalte hier auszugsweise wiedergegeben sind:

1. Gutes Regieren im 21. Jahrhundert – International und Trisektoral

Governance bezeichnet generell die zielgerichtete politische Steuerung und Koordination von gesellschaftlichen Handlungszusammenhängen, ganz gleich ob die Steuerungs- und Koordinationsleistung vom Staat, unter Einbeziehung des Staates oder am Staat vorbei erbracht wird. In dem Maße, in dem die relative Bedeutung des hierarchisch, primär nach innen agierenden Staates (Government) zurückgeht, ist ein Fokus auf Governance, der Raum für kooperative Formen des Regierens unter Einbeziehung aller Sektoren und für Politik in komplexen Mehrebenensystemen lässt, besser geeignet. […] Es geht […] um Konzepte, um Analyse- und Problemlösungsfähigkeiten, aber auch um eine Bewertung und Beeinflussung von Diskursen und Politiken sowie um die Implementierungs- und Managementfähigkeiten, die politischer Wandel erfordert. […] Als akademischer Direktor möchte ich zur Entwicklung eines Curriculums beitragen, das sich thematisch auf die intellektuellen Herausforderungen der Governance-Problematik einlässt, politischen Wandel thematisiert und dabei dem Wechselspiel zwischen nationaler und internationaler Ebene besondere Bedeutung zumisst.

2. Multidisziplinarität und Problemlösungsorientierung

Die Tatsache, dass die Probleme der politischen und gesellschaftlichen Wirklichkeit in der Regel nicht disziplinären Abgrenzungen folgen, schafft ein Spannungsverhältnis, das die Herausforderung und den Reiz einer Professional School an der Schnittstelle von Wissenschaft und Anwendungsbezug bildet. Die Einübung der deshalb notwendigen multidisziplinären Kommunikation und der interdisziplinären Zusammenarbeit und Problembetrachtung stellt damit eine der zentralen Herausforderungen der Hertie School dar. […] Es ist unser operationales Ziel, dass in der Rekrutierung des wissenschaftlichen Personals Politik-, Rechts-, Wirtschafts- und Gesellschaftswissenschaften auf hohem Niveau und mit ähnlichem Gewicht vertreten sind.

In beschränktem Maße werden auch die Kommunikations- und Kulturwissenschaften berücksichtigt werden.

3. Anwendungsorientierung und Wissenstransfer

Neben der angemessenen thematischen Profilierung und der Multidisziplinarität fordert das Prinzip der Anwendungsorientierung eine praxisnahe Form der Lehre. [...] Darüber hinaus geht es um die Schaffung eines Umfeldes, in dem erfahrene Führungspersönlichkeiten aus Politik, Wirtschaft und Gesellschaft ihre praktischen Erfahrungen regelmäßig und engagiert an Studierende weitergeben und gleichzeitig den Austausch mit der Wissenschaft suchen. [...]

Perspektivisch möchte sich die Hertie School als zentraler Ort des Wissenstransfers zwischen Theorie und Praxis in Berlin platzieren.

4. Internationalität

Die Internationalität der Hertie School of Governance darf sich nicht nur in der thematischen Orientierung niederschlagen. [...] Die Hertie School muss ihre internationale Ausrichtung bei der thematischen Orientierung ihres Lehrangebots und in der Zusammensetzung ihrer Studentenschaft und ihres Lehrkörpers glaubhaft unter Beweis stellen.

5. Kontext Europa

Obgleich amerikanische Professional Schools der Hertie School als Orientierungs- und Qualitätsmaßstab dienen, globale Internationalität eine Zielorientierung darstellt und Englisch Hauptsprache auf dem Campus sein wird, darf und will die Hertie School ihren europäischen Ursprung nicht verleugnen. Denn es geht – die Einhaltung internationaler Standards immer vorausgesetzt – in der inhaltlichen Orientierung der Hertie School vor allem auch darum, den Besonderheiten europäischer Staatlichkeit und europäischer Gesellschaftsordnung sowie dem historischen Prozess der europäischen Integration gerecht zu werden.

6. Auswahl und Beratung der Studierenden
Konkret notwendig und von entscheidender Bedeutung für die Aufbauphase der Hertie School ist ein zielführendes Verfahren der Studierendenselektion und die Bereitstellung einer ausreichenden Zahl von Stipendien. Darüber hinaus müssen Mechanismen entwickelt werden, die zur frühzeitigen Anbindung der Studierenden an den Arbeitsmarkt führen. Zu diesem Zweck sind institutionelle Partnerschaften mit Institutionen in Politik, Wirtschaft und Zivilgesellschaft anzustreben, die später als Arbeitgeber für die Absolventen der Hertie School in Frage kommen und zudem in die Ausbildung der Hertie School mit eingebunden werden können.

7. Akademische Exzellenz
Die Hertie School of Governance muss ein Inbegriff akademischer und wissenschaftlicher Exzellenz werden. Mit dieser Zielsetzung verbindet sich v. a. das Problem, wie eine neue Einrichtung, ohne Geschichte und ohne die Zukunftssicherheiten einer staatlichen Universität die gewünschte Attraktivität für internationale Spitzenforscher schnell erreichen kann. Neben der Qualität der Studierenden sind als entscheidende Elemente von Attraktivität zu nennen: Forschungsfreiräume, ein lebendiges und leistungsorientiertes intellektuelles Umfeld sowie finanzielle Anreize.

8. Erkennbares Forschungsprofil
Ähnlich wie eine hervorragende Reputation für Lehre wächst auch eine exzellente Forschungsreputation nur mit der Zeit. Kurz- und mittelfristig geht es neben der Gewinnung von hervorragend ausgewiesenen Wissenschaftlern darum, Forschungsprojekte zum Wandel von Staatlichkeit anzustoßen, die auch die institutionelle Kompetenz der Hertie School in diesem Feld etablieren und verankern helfen.[32]

9. Strategische und akademische Partnerschaften

Die Hertie School of Governance soll eine kleine, aber feine Einrichtung werden. Partnerschaften mit anderen wissenschaftlichen Institutionen werden daher von zentraler Bedeutung sein. Ohne eine intensive Einbindung der Hertie School in der Berliner Wissenschaftslandschaft und ohne internationale Partnerschaften können die avisierten Ziele nicht erreicht werden.

Auf dem Weg zu neuen Partnern:
Internationale und nationale Kooperationen

Schon vor der eigentlichen Gründung der Hertie School galt der Frage nach geeigneten institutionellen Partnern besondere Aufmerksamkeit; allen Beteiligten war deutlich, dass sowohl die beschränkten Ressourcen der School selbst als auch die Notwendigkeit baldiger Reputationszuwächse das Gewinnen von passenden und reputablen Partnern unabdingbar machen würden. Insbesondere für das Ausbildungsprogramm der School war es wichtig, geeignete Partner zu finden, mit denen für Studierende der Hertie School die Möglichkeit sowohl von Auslandsstudien als auch von „dual degrees" oder „joint degrees" vereinbart werden konnte.

Schon im Laufe des Jahres 2003 waren erste Kooperationsgespräche mit der Goldman School of Public Policy an der University of California in Berkeley geführt worden. Im Zuge der Vorbereitung des Curriculum für den Master of Public Policy kamen dann erste Kontakte mit der London School of Economics (LSE) und dem Institut d'études politiques de Paris (Sciences Po) zustande[33], in die dann auch die mit beiden bereits kooperierende School of International and Public Affairs (SIPA) der Columbia University einbezogen wurde.

Anfang Februar besuchten Kurt Biedenkopf, Michael Endres und Bernhard Lorentz die USA – zum einen, um mit einschlägig erfahrenen Einrichtungen und Kollegen das entstehende Konzept der Hertie School zu erörtern, zum anderen, um Möglichkeiten der Zusammenarbeit auszuloten[34]; Gesprächspartner waren Vertreter der folgenden Einrichtungen: Brookings Institution; School of Advanced International Studies der Johns Hopkins University (SAIS); Weltbank und Internationaler Währungsfonds; German Marshall Fund (GMF); Harvard University

(Harvard Business School und Kennedy School of Government); Columbia University (SIPA); Princeton University (Woodrow Wilson School). Konzept und Entwicklungspläne der Hertie School fanden bei diesen Gesprächen einhellige Zustimmung. An konkreten Plänen der Zusammenarbeit in der Ausbildung war insbesondere SIPA/Columbia in der Ausweitung der bereits mit LSE und Sciences Po bestehenden Partnerschaften interessiert. Mit diesen drei Einrichtungen kam später dann auch ein formelles Kooperationsprogramm für den „Master of Public Policy" zustande, das am 1. September 2006 in Kraft trat.

Neben diesen Bemühungen um internationale Partner hatte inzwischen die Suche nach Kooperationsmöglichkeiten in Berlin begonnen. Den – zeitlichen und räumlichen – Primat nahm dabei die „strategische Partnerschaft" mit der European School of Management and Technology (ESMT) ein, die schon zu Beginn der Gründungsdiskussionen innerhalb der Hertie-Stiftung eine wichtige Rolle gespielt und deren Standort im ehemaligen Staatsratsgebäude am Schlossplatz 1 auch für die Hertie School Räumlichkeiten vorgesehen hatte. Zur Konkretisierung und Festigung dieser Verbindung wurde im Oktober 2003 – nach Diskussionen und Entwürfen, die bis in den Herbst 2002 zurückreichen – ein Kooperationsvertrag zwischen der Hertie-Stiftung als der alleinigen Gesellschafterin der Hertie School und der ESMT abgeschlossen, in dem Fragen sowohl der räumlichen und technischen Kooperation als auch programmatischer Gemeinsamkeiten abgestimmt wurden[35]. Ziel dieser Partnerschaft war „unter anderem die gemeinsame Entwicklung von Projekten in Forschung und Lehre sowie eine gemeinsame Vermarktung" unter besonderer Berücksichtigung der folgenden „Themenfelder":

(a) *Die Projekte zielen auf eine erstklassige Aus- und Weiterbildung für Führungskräfte in den drei Sektoren Wirtschaft, Staat und Nichtregierungsorganisationen;*
(b) *sie orientieren sich an einem internationalen Markt mit dem Schwerpunkt Europa/Osteuropa;*
(c) *sie zielen auf einen innovativen Wissenstransfer zwischen Theorie und Praxis und zwischen Führungskräften und Wissenschaftlern bzw. Lehrenden aus dem öffentlichen und dem privaten Sektor.*[36]

Neben der ESMT gewannen aber auch das Wissenschaftszentrum Berlin für Sozialforschung (WZB) und die Freie Universität Berlin (FUB) schon früh eine besondere Bedeutung als Kooperationspartner. Im Falle des WZB hatte sich diese Beziehung bereits mit der gemeinsamen Berufung von Michael Zürn im Jahre 2003 angebahnt; Diskussionen über weitergehende Formen der Zusammenarbeit fanden dann in den Jahren 2006 und 2007 statt und zielten auf gemeinsame Aktivitäten in Ausbildung und Forschung ab[37].

Mit der Freien Universität Berlin kam es im Juni 2004 zu einer ersten Rahmenvereinbarung[38], in der Beiträge von Wissenschaftlern der FU zum Lehrprogramm der Hertie School, gemeinsame Berufungen von Professoren, die Einrichtung eines gemeinsamen Doktorandenprogramms „Global Governance" und die Modalitäten der Lehrtätigkeit von Michael Zürn an der FUB im Rahmen seiner S-Professur verabredet wurden.

Vervollständigt wurden diese Bemühungen durch eine wachsende Anzahl von Kontakten zu Partnern der Praxis – Ministerien, Internationale Organisationen, Unternehmen, NGOs –, denen u. a. die im Laufe des Jahres 2004 durchgeführten „Kamingespräche" dienten[39].

Die Rolle des Staates im 21. Jahrhundert:
Das Gründungssymposium vom April 2004

Mit der Tagung in Vollrads und ihrer Auswertung war die Planung für den Aufbau der Hertie School of Governance zunächst abgeschlossen, und die eigentliche Arbeit konnte beginnen. Am 22. und 23. April 2004 stellte sich die Hertie School mit einem großen Symposium über „Die Rolle des Staates im 21. Jahrhundert" im Weltsaal des Auswärtigen Amtes, unter Mitwirkung des damaligen Bundeskanzlers Schröder und anderer prominenter Zeitgenossen, einer Öffentlichkeit von über 230 geladenen Gästen vor – sie gab, wie es Michael Endres, der Vorstandsvorsitzende der Hertie-Stiftung, in seiner Begrüßung sagte, „gewissermaßen ihre wissenschaftliche Visitenkarte ab" – als eine private Hochschule, als eine Professional School, als eine School of Public Policy und als eine Partnerin wichtiger wissenschaftlicher Einrichtungen in Berlin und darüber hinaus[40].

Kurt Biedenkopf ging in seiner Grundsatzrede davon aus, dass es bei dem Thema „Die Rolle des Staates im 21. Jahrhunderts" in Wirklichkeit um die *Veränderungen* der Rolle des Staates geht, und stellte dieses Mandat der Veränderung – und die Schwierigkeiten, ihm gerecht zu werden – in den Mittelpunkt der Agenda der neuen School of Governance:

> *Die Fähigkeit eines Landes, sich zu verändern, seine Institutionen und Strukturen zu reformieren, hängt […] auch davon ab, ob und in welchem Umfang sich die Akzeptanz neuer Wirklichkeiten und die aus ihnen abgeleiteten Schlussfolgerungen im Wettbewerb entwickeln können, oder ob es den betroffenen strukturellen und politischen Besitzständen gelingt, diesen schöpferischen Wettbewerb zu verhindern.*[41]

Im Mittelpunkt der drei Sektionen des Symposiums standen sodann die Schwerpunktthemen „Transnationale Sicherheit", „Europäische Integration" und „Die Zukunft des Wohlfahrtsstaates", mit denen bereits ein wichtiger Teil des inhaltlichen Programms der neuen Hochschule angesprochen war. Diese Themen wurden von Michael Zürn als die zentralen auf den Staat im 21. Jahrhundert zukommenden Herausforderungen eingeführt – Herausforderungen, die sich unmittelbar oder mittelbar aus der Dynamik der Globalisierung ergeben und in die Frage münden: „How can the central achievements of modern statehood be preserved at times in which new, postnational forms of governance may be required?"[42]

Diesen drei Schwerpunktthemen waren die nachfolgenden Beiträge von Ralf Dahrendorf („European Challenges"), Otto Schily („Security Challenges"), Frank Vandenbroucke („Challenges to the Welfare State"), Adrian Năstase („Europe and Enlargement Perspectives") und Klaus Scharioth („The Impact of Enlargement on the Common Foreign and Security Policy") und die sich daran anschließenden Diskussionen gewidmet. Für eine „dinner speech" am Abend des ersten Tages war Bundespräsident a. D. Roman Herzog gewonnen worden.

**Governance lehren: Die Entwicklung des Curriculums
für einen „Master of Public Policy"**

Die Diskussionen des Jahres 2003 in Vollrads und unter den Mitarbeitern und Kuratoren der School hatten bereits wichtige Einsichten für die Gestaltung der Lehre an der Hertie School erbracht; diese Einsichten galt es nunmehr umzusetzen und zu einem anspruchsvollen und machbaren Curriculum für den Kern der Ausbildung an der Hertie School – den Master of Public Policy – zu entwickeln. Dieser Prozess umfasste die Erstellung erster Entwürfe des Curriculums, die Befassung sowohl einer Gruppe internationaler wissenschaftlicher Gutachter als auch von Vertretern der Verwaltungs- und Regierungspraxis mit einer kritischen Bewertung dieser Entwürfe und einer abschließenden Curriculum-Konferenz mit nationalen und internationalen Experten[43]. Gleichzeitig, und in engem Zusammenhang mit dieser inhaltlichen Klärung, begannen die Überlegungen zur Identifizierung und Bewerbung eines den Inhalten und Zielen dieses Studienangebots entsprechenden Pools von potenziellen Studienbewerbern innerhalb und außerhalb Deutschlands.

Die erste Stufe dieses Prozesses war die Erarbeitung eines diskussionsfähigen Entwurfs für ein Curriculum des MPP-Programms durch Michael Zürn und Gregor Walter, der in sukzessiven Fassungen von November 2003 an entstand und in einer Fassung vom 15. April 2004 zum Gegenstand eines internationalen Curriculum Workshops in Berlin und um die gleiche Zeit einer Reihe von „Stakeholder Workshops" für Interessenten aus der Praxis an den potenziellen Absolventen eines solchen Studiengangs wurde. Der Entwurf resümiert in seiner Einleitung noch einmal die wesentlichen Elemente des Konzepts der Hertie School vor dem Hintergrund der doppelten Herausforderung von Globalisierung und Veränderung des Verhältnisses von Staat und Gesellschaft. Aus der Globalisierung

folgt als Anforderung an eine Ausbildung öffentlicher Führungskräfte: Dem Nachwuchs müssen solide Kenntnisse sowohl über grenzüberschreitende politische Herausforderungen sowie über diejenigen internationalen Regime und Organisationen vermittelt werden, die diesen Herausforderungen begegnen können. Zu dieser Kompetenz gehört insbesondere die Fähigkeit, sowohl komplexe transnationale Prozesse als auch den Mehrebenencharakter von Politik in dieser internationalisierten Zeit analysieren und verstehen zu können.[44]

Aus dem veränderten Verhältnis von Staat und Gesellschaft folgt für die Ausbildung künftiger Entscheidungsträger:

Sie müssen mit vielfältigen Modellen der regulatorischen Steuerung auf den unterschiedlichsten Ebenen vertraut sein und sich in den unterschiedlichen „Welten" des Staates, der Wirtschaft und der Zivilgesellschaft in gleicher Weise bewegen und bewähren können.[45]

Aus diesen Prämissen werden die Grundprinzipien des Curriculums entwickelt:

1. Thematischer Kern: Gutes Regieren im 21. Jahrhundert: *Governance-Konzepte […] aber auch Analyse- und Problemlösungsfähigkeiten und die Fähigkeit zur Bewertung und Beeinflussung von Diskursen und Politiken sowie diejenigen Implementierungs- und Managementfähigkeiten, die politischer Wandel erfordert.*
2. Multidisziplinarität und Problemlösungsorientierung: *realweltliche Probleme unter Nutzung des Wissens unterschiedlicher staats- und gesellschaftswissenschaftlicher Disziplinen problemlösungsorientiert bearbeiten.*
3. Praxisorientierung und akademische Exzellenz: *das Curriculum [muss sich] an den Bedürfnissen der drei Sektoren bzw. der konkreten ‚Abnehmer' der Absolventen ausrichten; die Ausbildung [hat] auf der Höhe der verschiedenen disziplinären Diskurse zu erfolgen.*
4. Internationalität und Trisektoralität: *nationale politische Probleme der europäischen Länder ebenso wie grenzüberschreitende Strukturen und Institutionen insbesondere im Raum der erweiterten EU sowie in der OECD-Welt; Praxispartnerschaften für die Lehre ausdrücklich sowohl mit staatlichen Institutionen als auch mit Akteuren aus Wirtschaft und Zivilgesellschaft.*

5. Kontext Europa: *den Besonderheiten europäischer Staatlichkeit und europäischer Gesellschaftsordnungen sowie dem historischen Prozess der europäischen Integration gerecht [...] werden.*

Auf dieser Basis werden zwei Kategorien von Studieninhalten definiert, denen jeweils die einzelnen Kurse des Kerncurriculum („Core Curriculum") zugeordnet werden:

a) „to understand" (governance)
   - the development of governance
   - applied quantitative and qualitative methods
   - applied economic analysis

b) „to change" (policies and structures)
   - governance and political change in the 21st century
   - leadership and negotiation
   - political and financial management

Auf diesem Kern bauen das Vertiefungscurriculum („Advanced Curriculum"), in dem die inhaltlichen Kategorien des Kerncurriculums mit Blick auf spezifische politische Probleme zusammengeführt werden, die von Praktikern betreuten „Integrated Workshops" sowie das zu einer Abschlussarbeit („Thesis") führende „Personal Project" auf. Ziel des letzteren ist es, „ein konkretes Governance-Problem unter realitätsnahen Bedingungen theoretisch informiert zu analysieren". Ein obligatorisches Praktikum („Internship") von acht Wochen zwischen dem ersten und zweiten Studienjahr sollte die Ausbildung abrunden.

Dieses Konzept für das MPP-Curriculum wurde zunächst einmal Gegenstand einer umfassenden Begutachtung durch die folgenden Experten:

Armin von Bogdandy, Max-Planck-Institut für ausländisches öffentliches Recht und Völkerrecht
Christoph Engel, Max-Planck-Institut für das Recht der Gemeinschaftsgüter, Bonn
Jürgen Falter, Universität Mainz

Martin Hellwig, Universität Mannheim
Jürgen Kocka, Wissenschaftszentrum Berlin
Dieter Langewiesche, Universität Tübingen
Friedhelm Neidhardt, Wissenschaftszentrum Berlin
Georg Nolte, All Souls College, Oxford
Gunnar Folke Schuppert, Wissenschaftszentrum Berlin
Werner Weidenfeld, Centrum für angewandte Politikforschung,
München

Nach der Berücksichtigung der aus diesen Gutachten gewonnenen Einsichten wurde der Curriculum-Entwurf (in seiner Fassung vom 15. April 2004) im Rahmen einer internationalen Curriculum-Konferenz am 24. April 2014 erörtert, an der Vertreter unterschiedlicher Ausbildungseinrichtungen im Bereich von Public Policy und benachbarten Gebieten aus Deutschland (Potsdam, Erfurt, Freie Universität Berlin, Humboldt-Universität Berlin), anderen europäischen Ländern (London School of Economics, Copenhagen Business School, Johns Hopkins/ SAIS Bologna, Central European University, Amsterdam School of Social Science, Sciences Po Paris, Bocconi University, Aarhus University, University of Warwick) und den USA (Johns Hopkins, Columbia, Berkeley, Harvard) teilnahmen.

Um die gleiche Zeit fanden mehrere „Stakeholder Workshops" statt, bei denen der Entwurf des Curriculums zur kritischen Stellungnahme den Vertretern von Organisationen vorgestellt wurde, die an der Einstellung von Absolventen des MPP interessiert sein könnten; an diesen Gesprächen waren Vertreter von Bundesbehörden, großen Wirtschaftsunternehmen, Nichtregierungsunternehmen und Stiftungen beteiligt.

Während die Diskussionen mit diesen Experten im Wesentlichen Zustimmung zu den Grundlinien des Curriculum-Entwurfs erbrachten, erzeugten sie jedoch gleichzeitig sowohl Kritik an einzelnen Aspekten als auch Vorschläge für Änderungen und Ergänzungen. Einhellig wurden als Bedingungen des Erfolgs für den Studiengang angesehen: (a) die wissenschaftliche Qualität und internationale Zusammensetzung des Lehrkörpers; (b) funktionsfähige Partnerschaften mit geeigneten Hochschulen und Einrichtungen der Governance-Praxis; (c) eine intensive Betreuung und Vermittlung für die Studierenden und Absolventen;

und (d) eine sorgfältige Auswahl der Studierenden. Darüber hinaus erscheinen die folgenden Punkte im Rückblick besonders wichtig und für die endgültige inhaltliche Ausgestaltung des MPP-Studiengangs einschlägig:

– Die Bedeutung „klinischer", realitätsnaher Elemente mit substantiellem Politikfeldbezug im Curriculum sowie die Notwendigkeit, im Unterricht die Realität der Arbeitswelt der Absolventen abzubilden.
– Die Notwendigkeit, in die endgültige Gestaltung des Curriculums die noch zu berufenden Professoren der School einzubeziehen und sie zu „Eigentümern" des Programms zu machen.
– Der Vorzug des europäischen Bezugsrahmens der Hertie School gegenüber anderen Einrichtungen, vor allem in den USA – aber auch die Notwendigkeit, diese europäische Perspektive schärfer zu definieren.
– Die Schwierigkeiten, ein interdisziplinäres Ausbildungsprogramm mit disziplinär ausgewiesenen Lehrkräften zu bewältigen.
– Die Ambivalenz der thematischen Ausrichtung des Programms zwischen Public Policy und Governance.
– Die Frage, ob eine anspruchsvolle School of Governance tatsächlich die Governance-Probleme der Dritten Welt („failed states", Demokratiedefizite) ausklammern kann und soll.
– Die Frage der Unterrichtssprache – nur Englisch, oder gemischt?
– Die wichtige Rolle, die deutsche intellektuelle Traditionen – nicht zuletzt im Bereich normativer Analysen – im Profil der School spielen sollten.
– Die Notwendigkeit, das Curriculum ständig für neue Entwicklungen und Einsichten und die entsprechenden Veränderungen offen zu halten.
– Der Standortvorteil von Berlin für eine europäische School of Governance.
– Die wichtige Rolle didaktischer Innovationen: „case studies", „role playing", „simulation", „team teaching", Mini-Kurse für besondere Fertigkeiten etc.

Mit der schrittweisen Ausarbeitung des MPP-Curriculums im Gefolge der Curriculum-Konferenz im April ging die Entwicklung einer Matrix für die Qualifikationen einher, die die zukünftigen Professoren in das Lehr- und Forschungsprogramm der School einbringen sollten; auf der Basis dieser Matrix wurden im Laufe des Jahres 2004 die Ausschreibung und Besetzung der ersten acht Professuren der Hertie School vorbereitet. Bis zum Ende des Jahres 2004 waren damit die wichtigsten Voraussetzungen für den Beginn des Studiengangs Master of Public Policy geschaffen, für den am 13. September 2005 die ersten 30 Studierenden (ausgewählt aus 158 Bewerbern) an der Hertie School of Governance immatrikuliert und von Festredner Klaus Töpfer und dem Dean der Hertie School, Michael Zürn, feierlich begrüßt wurden.

Die Erschließung eines studentischen Bewerberpotenzials

Die erste Kohorte von 158 Bewerbern für die „Class of 2007" war das anfängliche Ergebnis einer mit der Entwicklung des Curriculums einhergehenden Bemühung, einen Pool geeigneter und interessierter Studienbewerber zu identifizieren und anzusprechen. Diese Bemühung war geleitet von einem Bild der Studierendenschaft der Hertie School, das sich im Antrag der School auf staatliche Anerkennung so darstellte:

Mit dem Masters-Studiengang richtet sich die HSoG an junge Hochschulabsolventen mit einem überdurchschnittlichen Studienabschluss. Berufserfahrung wird sich positiv auf die Zulassungschancen auswirken, kann aber aufgrund der unterschiedlichen Studiendauer in einzelnen Ländern nicht verbindlich für die Zulassung verlangt werden. Die Mischung der Teilnehmer soll mittelfristig global sein, wobei speziell Deutschland und die Staaten Ost- und Mitteleuropas einen zentralen Schwerpunkt bilden sollen. Die Unterrichtssprache ist Englisch.[46]

Bereits die ersten drei Jahrgänge der MPP-Studierenden („Classes of 2007, 2008 and 2009") zeigten, dass der Bewerberpool diesen Anspruch durchaus einlösen konnte, aber auch gerade in der geographischen Zusammensetzung erheblich über diesen ursprünglich gezogenen

Radius hinaus reichte. Die folgende Übersicht der Absolventen dieser drei Kohorten macht dies deutlich[47].

Region	Class of 2007	Class of 2008	Class of 2009	Gesamt
Deutschland	13	26	28	67
Afrika	1	1	2	4
Asien/Australien	3	3	7	13
Übriges Europa	8	10	11	29
USA/Kanada	1	4	8	13
Lateinamerika	2	1	5	8
Gesamt	28	45	61	134

Hinter diesen Zahlen verbergen sich überaus aufschlussreiche Biographien von jungen Männern und Frauen, die sich vor dem Hintergrund eines oft schon international angelegten Vorstudiums von den intellektuellen wie den professionellen Herausforderungen einer Tätigkeit im Bereich öffentlicher Verantwortung angesprochen fühlen[48].

Dem ersten Jahrgang des *Master of Public Policy* mit 30 Studierenden folgte 2006 ein zweiter Jahrgang mit 48 Studierenden (bei 169 Bewerbungen), 2007 ein dritter Jahrgang mit 61 Studierenden (aus 228 Bewerbungen), und im September 2008 der vierte Jahrgang mit 75 Studierenden aus 328 Bewerbungen[49]. Der Anteil weiblicher Studierender lag in dieser Zeit im Durchschnitt der Jahrgänge bei 49 Prozent, der Anteil ausländischer Studierender bei 53 Prozent[50]. Die Tendenz bei den Studierendenzahlen blieb in der Folge steigend: Der Jahresbericht der Hertie School führt für das Studienjahr 2012/2013 eine Gesamtzahl von 267 Studierenden in den beiden Jahreskohorten des MPP-Programms auf, von denen 110 Studierende der „Class of 2013" im Mai 2013 ihr Studium abschlossen[51]. Bis 2014 zählte die Hertie School damit insgesamt über 500 Absolventen ihres MPP-Programms aus mehr als 40 Ländern[52].

Zusätzlich zu dem 2008 eröffneten Studiengang „Executive Master of Public Management (EMPM)“ wird die Hertie School im Jahr 2015 einen dritten Studiengang – den „Master of International Affairs (MIA)“ – anbieten, der auf die besonderen Herausforderungen in globalen Politikzusammenhängen und in Mehrebenen-Systemen von Governance vorbereiten soll[53].

Neben der gründlichen und gut beratenen Vorbereitung des Curriculum für das „Master of Public Policy“-Programm dürften die erfolgreichen Bemühungen um die Rekrutierung einer sowohl vorzüglich qualifizierten wie hoch motivierten Studierendenschaft eine Voraussetzung für den Erfolg und das stetige weitere Wachstum des Programms gewesen sein. Dazu gehörten (und gehören) auch die Anstrengungen der School und der Hertie-Stiftung, herausragend befähigte Studienbewerber bei der Finanzierung ihres Studiums durch Stipendien zu unterstützen. Michael Endres hat diese Rekrutierungsbemühungen einmal etwas pointiert auf den Punkt gebracht, dass die Hertie School für ihr Produkt einen Markt geschaffen habe, der nicht existierte; das ist sicher richtig, vielleicht mit dem Zusatz, dass für dieses Produkt ein latenter Markt vorhanden war, der durch ein attraktives Studienangebot aktiviert werden konnte.

Die Besetzung der ersten Professuren

Vor dem Hintergrund der inhaltlichen Planungen des Studiengangs „Master of Public Policy“ sowie der für die Hertie School erarbeiteten thematischen Prioritäten wurden im Mai 2004 – im Vorfeld der Kuratoriumssitzung vom 8. Juni 2004 – die Stellenbeschreibungen der ersten neun Professuren (von denen in einem ersten Durchgang fünf bis sechs Stellen besetzt werden sollten) vom Kuratorium der Hertie School bearbeitet und verabschiedet. Das Verfahren, mehr Professuren auszuschreiben als zunächst besetzt werden sollten, empfahl sich aufgrund einer nicht genau einzuschätzenden personellen Marktlage sowie aus der Überlegung, für den anfänglichen Berufungsprozess ein Höchstmaß an Flexibilität zu wahren.

Die neun um die Jahresmitte in den einschlägigen Periodika (ZEIT, Economist, Chronicle of Higher Education) ausgeschriebenen Professuren waren wie folgt denominiert:

- *Applied Economics (Macroeconomics, Public Finance, and Economic Policy) with an empirical focus on Economic and Social Policies or another policy area;*
- *Applied Economics (Microeconomics and Financial Management) with an empirical focus on Economic and Social Policies or another policy area;*
- *Policy Analysis, Structures of Governance, and Institutional Foundations of Politics with an empirical focus on European or Comparative Studies;*
- *Administrative Sciences (Public Management and Organizational Transformation) with an empirical focus on either Economic and Social Policies or Environmental Policies;*
- *Comparative Social Policy, Social Policy beyond the Nation State and the Politics of Welfare State Reform;*
- *Comparative Public Law and European Law with an empirical focus on either International Security or Human Rights;*
- *International Law and/or Global Governance with an empirical focus on Environmental Policy or Security Policy;*
- *Applied Quantitative and Qualitative Methods with a focus on the utilization of research results and on analytical strategies for the solution of real-world problems; and*
- *Strategies and Methods of Negotiation, Mediation, and Public Communication at all political levels and both within and between the public, private and third sector.*

Für die auf diese Ausschreibungen eingehenden Bewerbungen hatte das Kuratorium bereichsspezifische Berufungskommissionen gebildet, die dem Kuratorium Empfehlungen in jeweiligen Rangordnungen vorlegten[54]. Auf der Basis dieser Empfehlungen traf das Kuratorium in seiner Sitzung vom 16. November 2004 die ersten Berufungsentscheidungen. Im Gefolge der hier getroffenen Entscheidungen und der darauf folgenden Berufungsverhandlungen konnten für das erste akademische Jahr 2005/2006 die folgenden Wissenschaftlerinnen und Wissenschaftler für die Hertie School gewonnen werden:

Henrik Enderlein, Professor of Political Economy, Volkswirtschaftslehre
Steven Finkel, Professor of Applied Methods, Politikwissenschaften
Anke Hassel, Professor of Public Policy, Soziologie/Politik-
wissenschaften
Stein Kuhnle, Professor of Comparative Social Policy, Politik-
wissenschaften
Claus Offe, Professor for Political Sociology, Soziologie
Ulrich K. Preuß, Professor of Law and Politics, Jura
Sonja Wälti, Professor of Policy Analysis, Politikwissenschaften
Michael Zürn, Professor of International Relations, Politik-
wissenschaften[55]

Im Falle der Professoren Offe und Preuß, die an ihren derzeitigen Hochschulen kurz vor der Emeritierung standen, wurden „außerordentliche Berufungen" ausgesprochen, die mit dem Angebot einer jeweils halben Stelle verbunden waren; der Vorzug einer privaten Hochschule, nicht an dienstrechtliche Beschränkungen wie eine obligatorische Altersgrenze gebunden zu sein, hat sich in diesen wie in anderen Fällen als überaus hilfreich erwiesen.

In einigen anderen Fällen, in denen sich eine Vollzeitberufung als nicht möglich erwies, konnten namhafte Wissenschaftler an anderen Hochschulen als „Adjunct Professors" gewonnen werden, von denen

Hans-Peter Grüner (Universität Mannheim), Professor of Economics, Volkswirtschaftslehre
Gunnar Folke Schuppert (WZB), Research Professorship: New Forms of Governance, Jura
Wolfgang Seibel (Universität Konstanz), Professor of Public Administration, Politikwissenschaften

der Hertie School langfristig verbunden geblieben sind.

In einem gesonderten Gefahren wurden Professuren aus dem Grenzgebiet von Wissenschaft und Praxis („Professors of Public Policy, with excellent academic backgrounds and extensive professional experience in the public, private, or non-governmental sector") ausgeschrieben. Aus diesen Ausschreibungen resultierte die Berufung von

Jobst Fiedler, Professor of Public Management, Politikwissenschaften/ Jura/Wirtschaftswissenschaften,

der sich als Associate Dean insbesondere der Entwicklung von Programmen der Executive Education annahm.

Mit dieser ersten Welle von erfolgreichen Berufungen war für die Hertie School ein entscheidender Schritt getan, mit dem aus dem Stadium der Planung und Vorbereitung eine Zeit der intensiven Umsetzung wurde. Im Rückblick muss der Erfolg dieser ersten Berufungsrunde – an die sich in den folgenden Jahren weitere ebenso erfolgreiche Runden anschlossen – als eine entscheidende Voraussetzung sowohl für den qualitativen Erfolg der Hertie School als auch für den – für akademische Einrichtungen und Vorgänge – ungemein zügigen Aufbau der Studienangebote angesehen werden.

Mit der Berufung und Ernennung dieser ersten Generation von Professorinnen und Professoren entstand für die Hertie School auch eine grundlegend neue Situation insofern, als eine Gruppe hochqualifizierter Wissenschaftler begann, diese School als ihre eigene Causa anzusehen und ihre weitere Entwicklung maßgeblich mitzubestimmen. Die Vorgaben aus dem Planungsprozess und den Diskussionen und Beschlüssen des Kuratoriums hatten dabei durchaus den Charakter von inhaltlichen Leitlinien, gewannen aber bald unter dem Einfluss des akademischen Kerns der School neue und schärfere Konturen sowohl im Ausbildungs- wie im Forschungsprogramm der Hochschule.

Das Feld weitet sich aus: Brücken zur Praxis im Jahr 2004

In einer ersten Einlösung ihres Anspruchs, sich neben dem Kernprogramm des MPP auch in der anwendungsorientierten Weiterbildung zu engagieren, führte die Hertie School vom 28. August bis zum 4. September 2004 die ersten drei Executive Seminars zur Weiterbildung von Führungskräften zu Kernfragen von Governance durch. Themen waren:

- European Governance (Leitung: Simon Hix, London School of Economics)

– Managing Organizational Transformation: Privatization, Public-Private Partnerships, Contracting-Out (Leitung: Jobst Fiedler, Roland Berger Strategy Consultants)
– Global Public Policy (Leitung: Wolfgang Reinicke, Global Public Policy Institute)[56].

Von den im Laufe des Jahres 2004 durchgeführten „Kamingesprächen" mit Praxispartnern war bereits an anderer Stelle die Rede. Vom 10. bis 12. September 2004 lud die Hertie School erstmals etwa hundert junge Entscheidungsträger zur „Annual Session of the Hertie Governance Network" nach Berlin ein. Diese Veranstaltung sollte ebenfalls der Vernetzung der Hertie School mit den einschlägigen Institutionen der wirtschaftlichen, politischen und zivilgesellschaftlichen Praxis dienen und stand unter dem Thema „Shaping Change in the 21st Century: Security, the Welfare State, and Europe".

Diese ersten Brücken zur Praxis wurden in der Folge weiter entwickelt und bildeten den Kontext für die Erprobung verschiedener Modelle für ein anwendungsbezogenes Programm der Weiterbildung in den Jahren 2005 bis 2007[57]. Aus dieser Phase des Experimentierens entstand dann sowohl das Studienangebot eines einjährigen „Executive Masters of Public Management (EMPM)" mit der Option einer zweijährigen Streckung, das am 4. September 2008 an den Start ging und in seinem sechsten Jahr 28 Teilnehmer zählte, als auch ein zunehmend breit gefächertes Angebot an Kurzzeitprogrammen (Seminare, Workshops, Zertifikate, Intensivkurse, maßgeschneiderte Sonderkurse)[58].

Der Brückenbau zur Praxis beschränkte sich allerdings nicht auf die Entwicklung von Programmen der „Executive Education", sondern zielte von Anfang an auch auf die Rolle der School als eines „Forums" oder einer „Plattform" für den öffentlichen Dialog mit Staat, Gesellschaft und Wirtschaft zu wichtigen Problemen von Governance und Public Policy. Der eindrucksvollen Eröffnungsveranstaltung im April 2004 folgten in bescheidenerem Rahmen schon früh eine Vielzahl von Vortrags- und Diskussionsveranstaltungen mit zunehmender Medienwirksamkeit, für die Berlin sich als eine sehr geeignete Bühne erwies.

2.3 Die Hertie School entsteht: Institutionelle und strukturelle Konsolidierung

Die Hertie School wird gegründet und vorgestellt

Die formelle Gründung der School – in der Rechtsform einer gemeinnützigen GmbH mit der Hertie-Stiftung als alleiniger Gesellschafterin – erfolgte im Oktober 2003. Für dieses Vorhaben hatte die Hertie-Stiftung insgesamt 25,6 Millionen Euro bereitgestellt, die auf der Basis einer jährlichen Allokation von rd. 5 Millionen Euro für die Finanzierung der ersten fünf bis sechs Jahre der School gedacht waren. Damit war, bei einem jährlichen Fördervolumen der Stiftung von 20 bis 30 Millionen Euro, die Hertie School of Governance bis dahin das größte Projekt, das die Hertie-Stiftung in ihrer dreißigjährigen Geschichte unternommen hatte.

Kuratoriumsvorsitzender Kurt Biedenkopf, der Vorstandsvorsitzende der Hertie-Stiftung, Michael Endres, Dean Michael Zürn und Geschäftsführer Bernhard Lorentz stellten die neue School am 1. und 2. Dezember 2003 im ehemaligen Staatsratsgebäude am Schlossplatz 1 der Öffentlichkeit und der Presse vor[59].

Für den räumlichen Bedarf der neuen Hochschule wurden Büros im Gebäude der ESMT am Schlossplatz 1 angemietet und Ende 2004 bezogen; ebenso wurden Vereinbarungen mit der ESMT über die gemeinsame Nutzung von Unterrichts- und Konferenzräumen getroffen. Der Raumbedarf für die Anfangsphase der School war damit gedeckt, bis die Ausweitung der Lehr- und Forschungsprogramme und der öffentlichen Veranstaltungen im August 2008 den Umzug in einen eigenen Standort in der Friedrichstraße notwendig machte.

Die staatliche Anerkennung einer privaten Hochschule

Eine private Hochschule bedarf in Deutschland der staatlichen Anerkennung durch die Wissenschaftsverwaltung des „Sitzlandes", die mit Hilfe eines umfangreichen Kriterienkatalogs die Anerkennungswürdigkeit der Hochschule und der von ihr angebotenen Studiengänge prüft. Die Hertie School stellte ihren Antrag an den Senator für Wissenschaft, Forschung und Kultur des Landes Berlin gemäß § 70 des Hochschulrahmengesetzes (HRG) und § 123 des Berliner Hochschulgesetzes

(BerlHG) am 13. September 2004, um wie geplant im Herbst 2005 mit dem Studiengang „Master of Public Policy" beginnen zu können[60].

Der Antrag stellte ausführlich und mit entsprechenden Anlagen untersetzt Aufgaben, Aufbau und Ausstattung der School dar und resümierte das in den vorausgehenden zwölf Monaten erarbeitete Konzept für Lehre und Forschung und für den geplanten Studiengang des „Masters of Public Policy".

Die staatliche Anerkennung der Hochschule wurde vom Land Berlin am 28. Februar 2005 ausgesprochen und bis zum 31. Dezember 2008 befristet; die Anerkennung erstreckte sich auf den Studiengang „Master of Public Policy". Mit einem zusätzlichen Bescheid vom 5. August 2008 hat das Land Berlin die befristete Anerkennung auch auf den Studiengang „Executive Master of Public Management" ausgeweitet[61].

Die Governance einer School of Governance

Die rechtliche Grundlage für die Gründung und das Management der Hertie School war der Gesellschaftsvertrag, der – zunächst in Anlehnung an ein für die Gründung der Bucerius School of Governance entwickeltes Vorbild – im Herbst 2003[62] und zu Beginn des Jahres 2004 entwickelt und in seiner ersten offiziellen Fassung vom 22. März 2004[63] vom alleinigen Gesellschafter der Hertie School gGmbH – der Gemeinnützigen Hertie-Stiftung – ratifiziert worden war.

In der Zwischenzeit hatte sich allerdings schon aus dem Kreis der von der Hertie-Stiftung berufenen Berater de facto eine Art Governance-Struktur gebildet, die mit der Gewinnung von Kurt Biedenkopf als Vorsitzendem als Kuratorium konstituiert und von der Hertie Stiftung mit der Aufsicht über die entstehende Gründung betraut wurde. Neben Biedenkopf und dem Vorstandsvorsitzenden der Hertie Stiftung, Michael Endres, gehörten diesem Gremium im Herbst 2003 Fritz Scharpf (Max-Planck-Institut für Gesellschaftsforschung Köln) und Hans Weiler (Stanford University) an; Marlies Mosiek-Müller (als Sprecherin der Geschäftsführung der Hertie Stiftung und interimistische Geschäftsführerin der Hertie School bis zur Ankunft von Bernhard Lorentz) sowie der designierte Dean – Michael Zürn – und der bereits ernannte administrative Geschäftsführer – Bernhard Lorentz – nahmen an den Sitzungen teil. Dieser Kreis war zu Beratungen über die Hertie School bereits am 27. Juni (in Berlin), 16. Juli (Berlin) und 14. August 2003 (Köln) zusammen gekommen. Die erste formell als „Kuratoriumssitzung" ausgewiesene Zusammenkunft fand in dieser Zusammensetzung am 15. September 2003 in Frankfurt (Main) statt; diese Sitzung war bereits im Vorfeld als „konstituierende Kuratoriumssitzung" deklariert worden[64]. Eine weitere Sitzung in der gleichen Zusammensetzung fand im Zusammenhang mit der Vollrads-Klausur am 17. November in Bad Schlangenbad statt[65].

Im November 2003 wurde das Kuratorium um Klaus Mangold (Ostausschuss der Deutschen Wirtschaft) und Jobst Plog (Norddeutscher Rundfunk) erweitert, von denen Klaus Mangold an der ersten Kuratoriumssitzung des Jahres 2004 (11. März 2004 in Berlin) teilnahm. Schließlich wurde das Kuratorium mit Wirkung der Sitzung am 16. September in Berlin um Bernhard Wunderlin aus dem Vorstand der Hertie-Stiftung erweitert.

Dieses Kuratorium war *de facto* seit der Sitzung in Berlin am 27. Juni 2003 (noch ohne Biedenkopf, der zum ersten Mal an der Sitzung vom 16. Juli 2003 teilnahm) als Planungs- und Entscheidungsgremium für die entstehende School tätig. Es gehört zu den Besonderheiten in der Entwicklung der Governance-Struktur der Hertie School, dass sich die Kodifizierung der Governance der Hertie School in der Form des Gesellschaftsvertrages und sonstiger Vereinbarungen unter aktiver Beteiligung dieses Gremiums und parallel zu seiner Ausübung der Funktionen vollzog, die in den entsprechenden Verträgen erst noch festzuschreiben waren.

Die Frequenz und Intensität der in den Jahren 2003 und 2004 sowohl in den Sitzungen wie in den Zwischenzeiten von diesem Gremium geleisteten Arbeit war beträchtlich und stand unter dem Druck der zeitlichen Planung, den Stiftung und Kuratorium sich selbst auferlegt hatten und der einen partiellen Beginn der Tätigkeit der Hertie School im Frühjahr und Sommer 2004 und den Studienbeginn für das MPP-Programm im Herbst 2005 zum Ziel hatte.

Im Laufe des Jahres 2005 zeigte sich, dass die Leitung der Hertie-Stiftung die Rolle des Kuratoriums als alleinigen Aufsichtsgremiums für alle – akademischen, administrativen, personellen und finanziellen – Aspekte der Hertie School für suboptimal hielt. In wiederum sehr ausführlichen Diskussionen vom Oktober 2005 bis zum März 2006 entstand ein neuer Gesellschaftsvertrag, der die Aufsichtsfunktionen auf das Kuratorium und einen neu zu schaffenden Aufsichtsrat aufteilte. Der ursprüngliche Gesellschaftsvertrag (der in der Fassung vom 22. März 2004 auch als Anlage dem Antrag auf staatliche Anerkennung der Hochschule beigefügt war) sah als Organe der gGmbH neben der Gesellschafterversammlung (§ 7) und der Geschäftsführung (§ 5) lediglich das Kuratorium (§§ 8–11) vor, das „die Aufgaben des Aufsichtsrats im Sinne des § 52 GmbHG" wahrzunehmen hatte; die Mitglieder des Kuratoriums wurden von der Gesellschafterversammlung (d. h. der GHSt) berufen. Die Aufgaben des Kuratoriums (§ 9) umfassten u. a.

– die Auswahl, Bestellung, Abberufung und Entlastung der Geschäftsführer sowie ihre Beratung und Beaufsichtigung und den Abschluss ihrer Anstellungsverträge;
– die Feststellung des Jahresabschlusses der Gesellschaft;
– die Entscheidung über den Haushalt, die allgemeinen Zielsetzungen in Forschung und Lehre, die Berufungslisten für die Professoren, das Veranstaltungsprogramm, die Studien- und Prüfungsordnungen und die Öffentlichkeitsarbeit der Hertie School.

Bis zur Novellierung des Gesellschaftsvertrags im Frühjahr 2006 folgte die Governance der Hertie School im Wesentlichen diesen Festlegungen, die im Laufe der Zeit durch die Regularien der akademischen Selbstverwaltung (Hochschulsatzung, Studien- und Zulassungsordnung und Prüfungsordnung für den Master of Public Policy und Berufungsordnung) ergänzt wurden[66].

Der im Frühjahr 2006 mit Zustimmung des damaligen Kuratoriums novellierte Gesellschaftsvertrag regelte die Aufsichtsstruktur der Hertie School of Governance gGmbH in erheblich veränderter Form. Die nach Maßgabe des GmbH-Gesetzes erforderliche Aufsicht kam nunmehr (§ 8[1]) dem Aufsichtsrat zu, der auch für die Bestellung und Abberufung der Geschäftsführer (im Falle des akademischen Geschäftsführers auf Vorschlag des Kuratoriums), deren gesellschaftsrechtliche Beaufsichtigung und deren Dienstverträge zuständig ist (§ 5[2–3]). Weiterhin obliegen dem Aufsichtsrat (§ 9[1]) die Feststellung des ordnungsgemäßen Jahresabschlusses und die „Feststellung des Haushalts auf der

Basis der vom Kuratorium genehmigten mittelfristigen Finanzplanung der Hochschule".

Die Zuständigkeiten des Kuratoriums (§§ 11–13) konzentrieren sich in dieser neuen Regelung im Wesentlichen – und in Kooperation mit den hierfür vorgesehenen Hochschulgremien – auf den akademischen Bereich der School, einschließlich des Vorschlagsrechts für den Akademischen Geschäftsführer (Dean). Seine Entscheidungsbefugnisse (§ 12[1]) erstrecken sich auf

- die allgemeinen Zielsetzungen der HSoG in Forschung und Lehre,
- die mittelfristige Finanzplanung der Hochschule (auf deren Basis der Aufsichtsrat den jährlichen Haushalt feststellt),
- die Berufungsliste für die Berufung der Professoren der HSoG gemäß der Satzung der Hochschule,
- Grundsätze für die Auswahl der Studierenden der Hochschule und
- das Jahres- und Veranstaltungsprogramm der HSoG sowie
- die „Bewertung und Sicherung der wissenschaftlichen Leistungsfähigkeit und der Reputation der HSoG in Forschung und Lehre"[67].

Änderungen und Ergänzungen der Hochschulsatzung nimmt das Kuratorium „nach Anhörung des Akademischen Senats" vor.

Nach Inkrafttreten des neuen Vertrags setzte sich der neue Aufsichtsrat aus dem Vorstandsvorsitzenden der Hertie Stiftung, Michael Endres, als Vorsitzendem des Aufsichtsrats, dem Vorsitzenden des Kuratoriums, Kurt Biedenkopf, als stellvertretendem Vorsitzenden, und Bernhard Wunderlin aus dem Vorstand der Hertie Stiftung zusammen, während das Kuratorium – bis zu weiteren Veränderungen in den Folgejahren – in seiner bisherigen Zusammensetzung bestehen blieb.

Obwohl der Gesellschaftsvertrag offen lässt, ob die gGmbH einen oder mehrere Geschäftsführer hat, blieb die Geschäftsführung der gGmbH in ihrer Struktur, die von Anfang an aus einem akademischen Geschäftsführer (gleichzeitig Dean der Hertie School) und einem kaufmännischen Geschäftsführer (Managing Director der Hertie School) bestand[68], unverändert. Dem Aufsichtsrat oblag nunmehr auch die Genehmigung einer Geschäftsordnung für die Geschäftsführung.

Eine der Herausforderungen dieser neuen und neuartigen Gründung lag darin, die gesellschaftsrechtlichen Regelungsauflagen mit den Anforderungen einer neuzeitlichen Hochschulverfassung in Einklang zu bringen. Dieser Aufgabe tragen nicht nur die einschlägigen Regelungen des Gesellschaftsvertrages, sondern vor allem auch die Hochschulsatzung[69] der Hertie School Rechnung. Darin wird das Recht der Hertie School – „unbeschadet der Rechte der Trägerin" – auf Selbstverwaltung ihrer akademischen Angelegenheiten festgestellt, einschließlich „der Ausbildungsangebote und der Prüfungen, der Heranbildung des wissenschaftlichen Nachwuchses, der Mitwirkung bei Berufungen, der fachlichen und didaktischen Weiterbildung des wissenschaftlichen Personals, der Entscheidung über Immatrikulation und Exmatrikulation der Studierenden, der Regelung der sich aus der Mitgliedschaft an der Hochschule ergebenden Rechte und Pflichten, der Verleihung akademischer Grade, einer Stellungnahme zum Entwurf des jährlichen Haushaltsplans und der Evaluation von Lehre und Forschung" (§ 4[1]). Die im Rahmen der Selbstverwaltung beschlossenen Ordnungen „bedürfen der Zustimmung der Trägerin" (§ 4[2]).

Die Hochschulsatzung stellt ferner – in Anlehnung an Satzungen ähnlicher Art an öffentlichen Hochschulen – die Freiheit von Forschung und Lehre fest (§ 5), regelt die Mitgliedschaft an der Hochschule (§ 6) und die Mitwirkungsrechte der Mitglieder (§ 7). Sie regelt die Zusammensetzung und die Aufgaben der Hochschulleitung (§§ 9–12), die Zusammensetzung und Aufgaben des Senats (§ 13), die Verfahren zur Berufung von Professorinnen und Professoren (§ 15), die Mitwirkung der Hochschulleitung bei der Erstellung des Haushalts (§ 16), den Status der Studierenden und Alumni (§§ 17–20) sowie den Status der wissenschaftlichen und nichtwissenschaftlichen Mitarbeiter der Hochschule (§§ 24–25).

Von der Idee zur Wirklichkeit

Aus der ursprünglichen Idee einer „Osteuropa-Akademie" von 2000 war damit innerhalb von drei Jahren die Hertie School of Governance geworden, die sich – mit dem inoffiziellen, aber informativen Untertitel „A Professional School of Public Policy" – anschickte, ihren europäischen Part in einem wachsenden internationalen Netzwerk von unabhängigen Zentren zu Fragen moderner Staatlichkeit zu spielen:

Wer künftig „Governance" studieren will, muss nicht mehr nach London, Paris oder Boston gehen. Die Hertie-Stiftung überträgt das Modell einer Professional School for Public Policy aus dem angelsächsischen Bildungsraum nach Deutschland und passt es zugleich den spezifisch europäischen Bedingungen an. Die Hertie School wird eine staatlich anerkannte Hochschule in privater Trägerschaft sein, die Nachwuchskräfte in den Bereichen Politik, Wirtschaft und Zivilgesellschaft aus- und weiterbildet.[70]

So war zu Beginn des Jahres 2004 aus langem Nachdenken, vielen Gesprächen und Sitzungen, unzähligen Vermerken, Papieren, Protokollen und Entwürfen und auch dem einen oder anderen handfesten Streit in der Tat eine neue und bemerkenswerte Einrichtung entstanden: eine private, interdisziplinär angelegte und international vernetzte Hochschule inmitten Berlins, die sich eines der wichtigsten und zugleich schwierigsten Themen unserer Zeit vorgenommen hatte – den Wandel von Staatlichkeit in einer modernen, globalisierten Welt.

Das Konzept dieser Einrichtung, wie es in den Diskussionen der Jahre 2002 bis 2004 entstanden war, prägte dann auch die Anfangsjahre der neuen School und bestimmte ihren Einstieg in die deutsche und internationale Hochschulwelt ebenso wie ihre öffentliche Wahrnehmung. Eine erste gründlichere Adjustierung dieses Gründungskonzepts erfolgte in der Klausur von Kuratorium und Hochschulleitung in Neuhardenberg im Juni 2007, die – durchaus unter Wahrung der Leitlinien des „Mission Statement" von 2004 – zu einer „Strategie 2008–2010" für die weitere Entwicklung der School führte[71]. Dieser neuere Abschnitt der Geschichte der Hertie School of Governance wurde dann vom Verfahren zur Akkreditierung der Hertie School durch den Wissenschaftsrat im Jahre 2008[72], von der Berufung und den Vorstellungen des zweiten Deans der School, Helmut Anheier, im Jahre 2009 sowie von den Vorbereitungen auf die Erteilung des Promotionsrechts durch den Wissenschaftsrat im Jahre 2011[73] maßgeblich geprägt. Ein

Ausblick auf einige Aspekte dieser weiteren Entwicklung der Hertie School findet sich im zweiten Teil dieses Essays; im Einzelnen wird die Chronik der zweiten Hälfte des ersten Jahrzehnts der School – über die hier dargestellte Gründungsphase hinaus – jedoch an anderer Stelle zu schreiben sein.

Zweiter Teil:
Konzepte, Profile und
Diskurse – Ideengeschichtliche
Koordinaten in der Gründung
der Hertie School

1. Überblick

Die im ersten Teil dieses Essays dargestellte Gründungsgeschichte der Hertie School enthält bereits zahlreiche Hinweise auf die Ideen, die in dieser Geschichte eine Rolle gespielt, bei der Gründung der School Pate gestanden und das programmatische Profil der ersten Jahre bestimmt haben. In diesem zweiten Teil soll der Versuch unternommen werden, diese Ideen etwas systematischer einem begrifflichen Koordinatensystem zuzuordnen, das über Herkunft, Kontext und Bedeutung dieser unterschiedlichen Elemente Auskunft gibt und eine Bilanz ihrer Auswirkungen auf die Entwicklung der School zieht.

In einer ersten Näherung und im Rückgriff auf die Einleitung zu diesem Essay lässt sich festhalten, dass die reale Entwicklung der Hertie School im ersten Jahrzehnt ihrer Tätigkeit sich zunächst an einigen zentralen (und im Kontext der neueren deutschen Hochschulpolitik keineswegs selbstverständlichen) Gründungskonzepten orientiert hat, die sich u. a. mit den Kategorien „private Hochschule", „Professional School", „Public Policy" und „Governance" umschreiben lassen. Darüber hinaus aber haben schon relativ früh weitere Dimensionen für den Diskussions- und Gestaltungsprozess der Jahre 2002 bis 2004 und für die Identität der School eine wichtige Rolle gespielt. So war von Anfang an, wie etwa in dem internationalen Begutachtungsprozess des Jahres 2003 oder im „Mission Statement" des ersten Deans der School, der Anspruch der „Transsektoralität" ein wichtiger Bestandteil in der

Standortfindung der School. Das Gleiche gilt, durchaus im Einklang mit den Merkmalen einer Professional School, von der Interdisziplinarität und dem Anwendungsbezug von Forschung und Lehre an der Hertie School oder von der Notwendigkeit einer systematischeren Erörterung der gerade für Public Policy besonders wichtigen normativen Fragen zur ethischen Bewertung öffentlichen Handelns.

Würde man versuchen, diese unterschiedlichen Bestandteile der Gründungsdiskussion etwas systematischer zu fassen, so wären auf jeden Fall – wenn vielleicht auch mit unterschiedlichen Gewichten und Varianten – die hier aufgeführten Dimensionen zu thematisieren und in Stichworten zu kennzeichnen:

- die professionelle Dimension: eine Professional School für den Wissens- und Ausbildungsbedarf öffentlicher Handlungsbereiche;
- die internationale Dimension: globale Herausforderungen von Governance in europäischer Perspektive;
- die private Dimension: private Initiative und öffentliche Agenda in der Förderung von Wissenschaft;
- die normative Dimension: die wissenschaftliche Beschäftigung mit der Bewertung öffentlichen Handelns;
- die interdisziplinäre Dimension: unterschiedliche Wissenskulturen in einer neuen, handlungsorientierten Symbiose;
- die transsektorale Dimension: die Eigenarten und Gemeinsamkeiten von Governance in unterschiedlichen Wirkungsbereichen öffentlichen Handelns – Staat, Wirtschaft, Zivilgesellschaft; und schließlich
- die Berliner Dimension: das Zusammenspiel lokaler, nationaler und europäischer Politik an einem zentralen Ort der Handlung.

Alle diese Dimensionen werden indessen nur vor dem Hintergrund des Diskurses über den Wandel moderner Staatlichkeit verständlich, der in der Gründungsgeschichte der Hertie School zwar schon in diversen Vorarbeiten und Stellungnahmen angeklungen, am deutlichsten und einflussreichsten aber wohl in dem Grundsatzpapier von Kurt Biedenkopf und in den wissenschaftlichen Arbeiten und dem „Mission Statement" von Michael Zürn dargestellt und in zentrale Herausforderungen für eine zeitgemäße School of Governance übersetzt worden war: „Der beobachtbare Wandel in den Governanceformen wird von einem Wandel der Staatlichkeit begleitet." [74]

2. Der Diskurs über den Wandel moderner Staatlichkeit und der Begriff der „Governance"

Auf den ersten Blick erscheinen die Diskussionen der Jahre 2000 bis 2002 im Hinblick auf die Art und Zielsetzung der zu gründenden Einrichtung reichlich disparat – von einer „Osteuropa-Akademie" ist zunächst die Rede, dann von einem „Hertie Institut für europäische Integration", dann von einem „Institut für Public Management", bis schließlich (und vergleichsweise spät) die Entscheidung für „Governance" als den thematischen Brennpunkt der neuen Einrichtung fällt[75]. Und doch: Alle diese Versuche einer Ortsbestimmung haben einen gemeinsamen Nenner insofern, als sie den Herausforderungen gerecht zu werden versuchen, denen sich der moderne Staat – überall, aber mit besonderer Berücksichtigung der Entwicklungen in Europa – aufgrund sowohl der Globalisierung als auch eines neuen Verhältnisses von Staat und Gesellschaft gegenüber sieht.

So richtete sich – vor dem Hintergrund der Transformationsprozesse der frühen 90er Jahre und in Erwartung des Beitritts mehrerer mitteleuropäischer Staaten zur Europäischen Union (EU) im Jahre 2004 – der frühe Fokus der von der Hertie-Stiftung initiierten Diskussion auf die Staaten Mittel- und Osteuropas. Dort waren eine besonders dramatische und komplexe Variante des Wandels von Staatlichkeit sowie die Notwendigkeit zu konstatieren, nach jahrzehntelangen dirigistischen Traditionen zu demokratisch legitimierten und marktgerechten Steuerungs- und Entscheidungssystemen zu kommen. Gleichzeitig enthielt die Blickrichtung auf die europäische Integration bereits den Versuch, zu einem besseren Verständnis des Zusammenwirkens von nationalen und übernationalen Entscheidungsprozessen und der besonderen Governance-Probleme von Mehrebenen-Systemen zu gelangen. Schließlich war hinter der Betonung von „Public Management" in den Diskussionen der Hertie-Stiftung und ihrer Berater unschwer die Einsicht zu erkennen, dass in den immer komplexer werdenden Zusammenhängen zwischen Staat und Gesellschaft kein Weg an einer Neubesinnung auf die Funktionen und Kompetenzen des öffentlichen Dienstes vorbeiführt und damit auch die herkömmliche Ausbildung von öffentlich Handelnden in Frage steht.

Im Nachhinein betrachtet ist es deshalb nicht allzu verwunderlich, dass sich am Ende als Schlüsselbegriff für diese unterschiedlichen, aber eng miteinander verbundenen Herausforderungen an die Entscheidungs- und Steuerungskapazitäten moderner Gesellschaften das Konzept von „Governance" schlüssig anbot. Diese Konvergenz auf die zentrale Bedeutung von Governance konnte sich dabei auch auf ein zwar nach wie vor in Bewegung befindliches, aber doch bemerkenswertes Corpus wissenschaftlicher Beschäftigung mit den Problemen des modernen Staates stützen. Michael Zürn, der erste Dean der Hertie School, betont in einem Überblick über „die Befunde der Governanceforschung" unter anderem:

Es bleibt die Frage, weshalb das Konzept Governance in verschiedenen gesellschaftswissenschaftlichen (Teil-)Disziplinen parallel auftauchen und sich durchsetzen konnte. Die einfachste Antwort lautet: Realweltliche Veränderungen erfordern ein neues Konzept zu deren Erfassung [...]. Vom Staat gesetzte und hierarchisch durchgesetzte Gesetze und Verordnungen sind nur eine Form der politischen Regelung gesellschaftlicher Zusammenhänge. Es gibt andere Governanceformen, in denen der Staat kein Regelungsmonopol einnimmt, sondern entweder als einer unter anderen Akteuren mitwirkt oder sich ganz zurückzieht und bestenfalls die Randbedingungen setzt. Das ist innerhalb von Nationalstaaten (Rhodes) und auch auf der internationalen Ebene zu beobachten (Rosenau) [...]. In den letzten zwei Jahrzehnten hat sich Governance by Government relativiert bei einer deutlichen Zunahme von Governance with und Governance without Government(s) (Kooiman; Benz et al.). Die relative Zurücknahme des Interventionsstaates führt also nicht zwingend zu einer geringeren Verregelung gesellschaftlicher Beziehungen.[76]

In der Gründungsdiskussion für die Hertie School und die ihr zugrunde liegenden Ideen und Ziele war das Konzept von Governance daher in mehrfacher Hinsicht von besonderem Wert. Indem es als Begriff sowohl für nichtnationale als auch nichtstaatliche Entscheidungs- und Steuerungsprozesse offen ist, lassen sich mit ihm Strukturen und Prozesse sowohl auf subnationaler, nationaler und über- oder transnationaler Ebene als auch in staatlichen wie in nichtstaatlichen Organen angemessen abbilden und analysieren. Zudem ermöglicht der Begriff, wie sich in der weiteren Entwicklung des Curriculum für das MPP-Programm zeigen sollte, eine wichtige Verknüpfung zwischen der Ebene der Policy-Analyse mit Management- und Führungsaufgaben: die „externe" Governance von öffentlichen Aufgaben als Zweck und die „interne" Governance von Behörden, Unternehmen und Nichtregierungsorganisationen als Mittel. Für eine wissenschaftliche Einrichtung, die sich in Lehre und Forschung den Herausforderungen des modernen Staates im Zusammenhang fortschreitender Globalisierung und des Wandels im Verhältnis von Staat und Gesellschaft stellen wollte, war dies ein begrifflicher Durchbruch von zentraler Bedeutung.

3. Die zentralen Dimensionen des Gründungskonzepts

Vor dem Hintergrund des Diskussionsprozesses, aus dem sich als Leit- und Schlüsselbegriff für die vielfachen Herausforderungen moderner Staatlichkeit das zentrale Konzept von Governance entwickelte, gewinnen die aus dem gleichen Prozess heraus erarbeiteten Merkmale der geplanten School in ihrer Gesamtheit und ihrem Zusammenhang Sinn und Bedeutung. Dass diese Merkmale in der Entwicklung der School in unterschiedlichem Maße umgesetzt wurden und für die Zukunft in mancher Hinsicht für weitere Überlegungen und Initiativen Raum lassen, darf bei einem so ehrgeizigen Projekt nicht überraschen.

3.1 Die professionelle Dimension: Eine Professional School für den Wissens- und Ausbildungsbedarf öffentlicher Handlungsträger

Die – insgesamt überaus erfolgreiche – Tradition der „professional schools" im Hochschulwesen der USA entstammt einer fundamentalen Feststellung: Der Wissens- und Ausbildungsbedarf wichtiger gesellschaftlicher Handlungsbereiche (Rechtswesen, öffentliche Gesundheit, Bildung, Unternehmensführung) kann nicht angemessen von herkömmlichen, disziplinär definierten Fakultäten bedient werden, sondern bedarf eines anderen Strukturmodells, in dem sich dieser

Bedarf in größerer Nähe zu den zu bedienenden Handlungsbereichen (also anwendungsbezogen) und unter Hinzuziehung der Einsichten unterschiedlicher Fachdisziplinen (also interdisziplinär) befriedigen lässt. Auf dieser Basis sind in den USA „professional schools" entstanden, die etwa – wie in „business schools" – in enger Verbindung mit den Unternehmen der Wirtschaft und in der Zusammenführung der einschlägigen Erkenntnisse von Organisations-, Sozial-, Wirtschafts-, Finanz- und Verhaltenswissenschaften dem Bedarf der Unternehmenswelt gerecht zu werden versuchen. Ähnliches gilt für „schools of education" (mit Psychologie, Bildungssoziologie, -politik und -ökonomie, Kulturanthropologie, Pädagogik, Linguistik und neuerdings auch Hirnforschung), „schools of public health", „law schools" oder „schools of engineering"[77].

Dieses Prinzip einer sowohl anwendungs- und problembezogenen wie interdisziplinären Form von Wissenschaft hat sich auch für den Bereich Public Policy bewährt und zu den Einrichtungen geführt, die mit als Anregung für die ursprüngliche Idee der Hertie School gedient haben (Kennedy School, Woodrow Wilson School, London School of Economics etc.)[78]. Angesichts der auf Anwendung im Bereich des öffentlichen Handelns und auf Interdisziplinarität gerichteten Eigenart des Konzepts von Governance war die institutionelle Konkretisierung des Hertie-Projekts als Professional School eine zwingende Weichenstellung. In der Weiterführung dieser Tradition wurden dann in den Planungen für die Hertie School auch die Erfahrungen der erfolgreichen Varianten von „professional schools" thematisiert:

Die amerikanischen Erfolgsmodelle der „Professional Schools" (übrigens auch in den Bereichen der Jurisprudenz, des Ingenieurwesens, des Management oder des Bildungswesens) illustrieren, dass es ein sich selbst verstärkendes Dreieck gibt, das sich aus exzellenten Dozenten, talentierten Studierenden und hochwertigen Karrierechancen der Absolventen in Verbindung mit einem stabilen transnationalen Netzwerk, das bereits in der Ausbildung aufgebaut wurde, zusammensetzt. Jeder der Pole dieses Dreiecks verstärkt die beiden anderen. Dadurch erhält die Gesamtkonstruktion ein hohes Maß an Nachhaltigkeit.[79]

Die Rolle, die die Gründung der Hertie School in der deutschen hochschulpolitischen Diskussion und Entwicklung gespielt hat, dürfte nicht zuletzt auch darin bestehen, dass hier für das in Deutschland neuartige Strukturmodell einer Professional School ein Exempel statuiert und als reale und funktionierende Einrichtung vorgestellt und wahrgenommen wurde. Auch das dürfte wohl gemeint sein, wenn der Wissenschaftsrat in seiner jüngsten Stellungnahme von 2011 feststellt:

Die Hertie School hat ihre dynamische Entwicklung zu einer international anerkannten Professional School for Public Policy seit der Akkreditierung erfolgreich fortgesetzt und leistet mit ihrer spezialisierten Ausrichtung einen wertvollen Beitrag zur Differenzierung des deutschen Hochschulsektors.[80]

3.2 Die internationale Dimension: Globale Herausforderungen von Governance in europäischer Perspektive

Eine der zentralen und besonders rasanten Dimensionen des Wandels moderner Staatlichkeit und der Entwicklung neuer Formen von Governance ist zweifellos die Internationalisierung von Entscheidungsstrukturen und -prozessen im Rahmen der zunehmenden Globalisierung von wirtschaftlichen, kulturellen und politischen Vorgängen. Es war deshalb von Anfang an unverzichtbar, die Initiative der Hertie-Stiftung in einem internationalen Zusammenhang zu sehen und auf die inhaltliche Ausgestaltung dieses Merkmals besondere Aufmerksamkeit zu richten. Diese inhaltliche Diskussion hatte den verschiedenen Ebenen und Bedeutungen von Internationalität gerecht zu werden: der Relativierung nationaler Entscheidungen gegenüber internationalen und zwischenstaatlichen Übereinkünften; dem Einfluss internationaler Wirtschafts- und Finanzmärkte auf politische Allokations- und Regelungsentscheidungen (und umgekehrt); der zunehmend wichtigen Rolle von internationalen Regierungs- und Nichtregierungsorganisationen als Sonderfällen von Governance; dem Erkenntniswert und dem didaktischen Nutzen international vergleichender Analysen von Governance;

und natürlich auch und ganz besonders den Problemen von Governance in einem sich (allmählich) integrierenden Europa.

Aus dieser inhaltlichen Agenda ergaben sich dann auch für die strukturellen und kulturellen Merkmale der neuen School zwingende Konsequenzen: die Notwendigkeit einer internationalen Professoren- und Studierendenschaft; die Bedeutung internationaler Netzwerke; die Herausforderung der inhaltlichen Internationalisierung des Curriculums; die Selbstverständlichkeit eines englischsprachigen Studienangebots; und der internationale Charakter der in den öffentlichen Foren der School zu entwickelnden Gesprächs- und Debattierkultur. In all diesen Bereichen hat die School ihren von Anfang an zentralen Anspruch auf umfassende Internationalität mit Nachdruck und Erfolg eingelöst. Das neue Studienangebot eines „Master of International Affairs (MIA)", dessen erste Studierende im Herbst 2015 immatrikuliert werden und in dem der Schwerpunkt auf den Governance-Problemen von internationalen Organisationen und Mehrebenen-Systemen liegt, stellt eine konsequente Fortentwicklung dieses Konzepts dar.

Das bedeutet allerdings nicht, dass hier nicht noch manches weiter entwickelt werden könnte. So wird für eine international wirklich bedeutende School of Governance auf die Dauer kein Weg daran vorbei führen, sich noch sehr viel systematischer mit den sich ständig verschärfenden Problemen scheiternder oder gescheiterter Staatlichkeit in unterschiedlichen Weltregionen zu beschäftigen.

3.3 Die private Dimension: Private Initiative und öffentliches Handeln

Private Hochschulgründungen gehören in Deutschland zu den eher seltenen Ausnahmen; im Bereich Public Policy war die Hertie School ein Vorreiter, der die Möglichkeit seiner Entstehung und seines Erfolges der Weitsicht und Großzügigkeit der Hertie-Stiftung verdankt[81]. Dabei ist es durchaus bemerkenswert, dass ausgerechnet eine private Stiftung sich eines Hochschulprojekts annimmt, das die kritische Analyse und die Reform öffentlichen Handelns zum Ziel hat. Bei näherem Hinsehen aber und angesichts der Erfahrungen in der Mitarbeit an dieser Gründung muss der Chronist feststellen, dass es sich bei dieser scheinbaren Kuriosität in Wirklichkeit um einen Glücksfall handelt. Gerade in einem Bereich wie Public Policy, der an öffentlichen Einrichtungen leicht in das Kreuzfeuer unterschiedlicher hoheitlicher und akademischer Jurisdiktionen kommen kann, war die (relative) Unabhängigkeit, mit der sich die Hertie School gestalten ließ, ein deutlicher Vorteil, der sich auch durch die stringenten Formalien einer staatlichen Anerkennung nicht vollends verflüchtigte. Diese Unabhängigkeit hat ihre sehr greifbaren Seiten in der fehlenden Bindung an die dienstrechtlichen Regeln öffentlicher Einrichtungen (wie in der Möglichkeit, Professoren jenseits der „Altersgrenze" und zu flexiblen Bedingungen zu rekrutieren) und in der relativ mühelosen Handhabung internationaler Partnerschaften. Sie erleichtert aber auch das Experimentieren mit neuen Studienangeboten (wie im Fall der Executive Education) und curricularen Inhalten (wie den sich aus studentischen Evaluierungen ergebenden Adjustierungen der Studieninhalte) sowie das prompte Reagieren auf neu aufkommende Themen.

Die Frage, wie weit die School in ihrer Gründung und ihrer weiteren Entwicklung diese verschiedenen Formen von Unabhängigkeit ausreichend genutzt hat, ist durchaus legitim und muss zum Katalog der regelmäßigen Selbstevaluierung gehören. Sie muss sich allerdings auch der Gegenfrage stellen, wie weit man in einem von öffentlichen Einrichtungen dominierten System die Anschluss- und Kooperationsfähigkeit einer privaten Hochschule durch ein allzu eigenwilliges Profil aufs Spiel setzen sollte.

Über die Vorzüge eines unabhängigeren Managements hinaus dürfte die Hertie School im ersten Jahrzehnt ihres Bestehens jedenfalls auch als Beispiel für die exemplarische Wirkung einer privaten Hochschulgründung gelten. Sowohl die Betonung von Governance als eines eigenständigen und der systematischen wissenschaftlichen Bearbeitung würdigen Gegenstandes als auch die Art und Weise, in der die Hertie School sich in Forschung und Lehre mit diesem Gegenstand beschäftigt hat, hat fraglos zu einem Prozess beigetragen, in dem sich auch im öffentlichen Hochschul- und Wissenschaftssystem neue Ansätze in der Behandlung von Public Policy entwickelt haben.

3.4 Die normative Dimension:
Die Wissenschaft von der Bewertung öffentlichen Handelns

Mit unterschiedlichem Stellenwert, aber immer wieder, hat in den Gründungsdiskussionen der Hertie School die Feststellung eine Rolle gespielt, dass es bei Public Policy und Governance um wert- und zielgesteuertes Handeln geht, dass also eine angemessene Beschäftigung mit Public Policy auch die Normen öffentlichen Handelns umfasst und auf wissenschaftlich nachvollziehbare Weise zu thematisieren hat. Diese theoretische und methodologische Herausforderung findet in der Vielzahl individual- und sozialethischer Dilemmata in der Praxis von Governance ein reiches Betätigungsfeld – Themen wie Generationenge-rechtigkeit, Nachhaltigkeit, Datenschutz, Zuwanderung oder auch die sehr grundsätzliche Debatte um neue Bedeutungen von „citizenship" sind nur einige der besonders eindringlichen Beispiele.

In der konkreten Ausgestaltung dieses Mandats hat der Chronist unterschiedliche Grade von Intensität zu konstatieren[82]. Das „Mission Statement" von 2004 erwähnt zwar „die zentralen normativen Errungen-schaften gelungener Staatswerdung" und „die zentralen Fragen der Ethik gesellschaftlichen Handelns" als integrale Bestandteile des Konzepts der Hertie School, doch kommen die diesen Themen entsprechenden Vorhaben in den konkreteren Forschungs- und Ausbildungsprofilen der School zumeist allenfalls implizit vor. Am ehesten werden Fragen dieser Art noch im Curriculum des MPP-Programms thematisiert, wie etwa im Wahlfach „Ethics and Democracy" und in Projekten der Studierenden, während sie im aktuellen Forschungsprofil der School wiederum nur implizit vorkommen[83]. Das mag durchaus eine vertretbare Form des Umgangs mit den normativen Aspekten von Public Policy und Governance sein; man könnte sich an einer führenden School of Governance jedoch auch eine noch ausdrücklichere Befassung mit den Normen öffentlichen Handelns und den sich um sie ergebenden Konflikten sowie das hierzu einschlägige wissenschaftliche Personal vorstellen. Die im Zuge der Verleihung des Promotionsrechts ergangene Empfehlung des Wissenschaftsrats von 2011 kommt hier zu einer mit Recht vorsichtigen Zwischenbilanz:

Es wird begrüßt, dass die Hertie School als Reaktion auf die im Rahmen der Akkreditierung vom Wissenschaftsrat ausgesprochene Empfehlung, normative Aspekte von Governance und Public Policy stärker in Lehre und Forschung zu berücksichtigen, den Bereich Ethics and Leadership Responsibility als zusätzliches Element in ihrem Leitbild verankert hat. Auch wenn sie diesen Anspruch ihres Leitbildes in Lehre und Forschung bislang noch nicht in vollem Umfang einzulösen vermag, hat sie bereits einige Maßnahmen auf den Weg gebracht, die geeignet sind, entsprechende Themen zu stärken.[84]

3.5 Die interdisziplinäre Dimension: Fachübergreifende Zusammenarbeit in einer disziplinär organisierten Wissenschaftswelt

Interdisziplinarität – ebenso wie Internationalität – war der Hertie School noch auf dem Reißbrett mit auf den Weg gegeben worden; sie gehört, wie wir gesehen haben, zu den Wesensmerkmalen einer Professional School, die dem Wissens- und Ausbildungsbedarf wichtiger gesellschaftlicher Bereiche ohne die Bindung an herkömmliche Fachgrenzen gerecht zu werden hat. Das war im Prinzip eine sinnvolle Prämisse für eine School, die sich der vielfältigen, fächerübergreifenden Dimensionen moderner Staatlichkeit annehmen sollte. In der Realität stellte sich dieses Unterfangen jedoch sehr viel schwieriger dar. Relativ einfach war noch die Frage zu beantworten, welche disziplinären Komponenten in diese interdisziplinäre Gemengelage einzugehen hatten – relativ einhellig wurden Politikwissenschaftler, Soziologen, Volks- und Finanzwirtschaftler, Verwaltungswissenschaftler und Juristen (insbesondere des Verwaltungs-, des Öffentlichen und des Völkerrechts) für einschlägig gehalten. Sehr viel schwieriger schon war die Frage, mit welchem Gewicht die jeweiligen Komponenten (etwa die Jurisprudenz oder die Wirtschaftswissenschaften) vertreten sein sollten. Da Interdisziplinarität sich konkret ja nur mit Vertretern herkömmlicher Fächer herstellen lässt, führte kein Weg an disziplinär denominierten Berufungen vorbei, bei denen man aber gleichzeitig zu verifizieren hatte, dass Kandidaten einerseits in ihren Fächern über eine überzeugende Reputation verfügten, andererseits aber auch nachweislich zu einer intensiven Zusammenarbeit über Fachgrenzen hinaus bereit und in der Lage waren. An der Hertie School wurde dies als „Doppelcodierung" bezeichnet, womit – wie der Wissenschaftsrat zustimmend feststellt – „die interdisziplinäre Kompetenz und Kommunikationsfähigkeit ihrer Professorinnen und Professoren in Forschung und Lehre bei gleichzeitig fester Verankerung und hoher Anerkennung in deren jeweiligen Einzeldisziplinen" gemeint ist [85].

Es ist bemerkenswert, dass es der Hertie School in ihrer Anfangsphase gelungen ist, trotz dieser vom Mandat der Interdisziplinarität geforderten und besonders anspruchsvollen Qualifikationsprofile (und der Konkurrenz von Berufungen an öffentliche Hochschulen mit Lebenszeitverträgen) eine eindrucksvolle Gruppe von Wissenschaftlern zu berufen, die sowohl in ihren jeweiligen Disziplinen ausgewiesen als auch bereit waren, sich zumindest in der Lehre und bis zu einem gewissen Grad auch in der Forschung auf fachübergreifende Zusammenarbeit einzulassen [86].

Aber die etablierte Welt der Wissenschaft setzt solchen Experimenten Grenzen – vor allem in einem Hochschulsystem wie dem deutschen, in dem nach wie vor die Fachdisziplin das vorherrschende Organisationsprinzip für die Struktur von Hochschulen und für die Rekrutierung und Sozialisation des wissenschaftlichen Personals ist. Die institutionalisierte Einübung fachübergreifender Zusammenarbeit, wie sie an den „professional schools" amerikanischer Hochschulen seit langem existiert, sucht man an deutschen Hochschulen – von einigen bemerkenswerten Ausnahmen abgesehen – vergeblich. Es war deshalb auch nicht überraschend, dass die ansonsten überaus positive Bewertung der Hertie School zur Akkreditierung durch den Wissenschaftsrat vom November 2008 eine Schwachstelle darin sah, dass die einschlägigen Disziplinen als solche nicht deutlich genug in Erscheinung treten:

Der Wissenschaftsrat begrüßt die problemorientierte Ausrichtung der Hochschule in Lehre und Forschung. Er hält es allerdings für erforderlich, dass die für ein Studium von Gover-

nance-Problemen notwendige Vermittlung der disziplinären
Grundlagen an der Hertie School of Governance besser als
bisher sichergestellt wird.[87]

In der Summe dieser konkurrierenden internen und externen
Kräfte scheint sich das Verhältnis von disziplinären Grundlagen
und interdisziplinärer Zusammenarbeit an der Hertie School jedoch
einigermaßen erfolgreich eingependelt zu haben, nicht zuletzt dank
der 2009 eingeführten „Cluster". Allerdings sollte man aufgrund der
Logik des Bologna-Prozesses mit der Zeit erwarten, dass auch deutsche Absolventen eines Bachelor-Studienganges über ausreichende
disziplinäre Grundlagen verfügen, um sich an einer weiterführenden
Einrichtung wie der Hertie School ohne Gefahr der Herausforderung
eines interdisziplinären Master-Studiums auszusetzen.

3.6 Die transsektorale Dimension:
Die Governance unterschiedlicher Wirkungsbereiche
öffentlichen Handelns – Staat, Wirtschaft, Zivilgesellschaft

Dass alle Sektoren des öffentlichen Lebens – Staat, Wirtschaft,
Zivilgesellschaft – sich Problemen von Governance gegenübersehen,
gehört ebenfalls zu den Prämissen der Gründungsdiskussionen für
die Hertie School und zu den Kontinuitäten zwischen diesen und den
Diskussionen innerhalb der ZEIT-Stiftung über eine Bucerius School
of Governance. Ebenso war von Anfang an klar, wenn auch weniger
deutlich thematisiert, dass (a) sich viele Governance-Probleme für
jeden Sektor jeweils anders stellen und (b) Governance-Probleme sich
auch im Zusammenwirken der drei Sektoren stellen und untersuchen
lassen – ein Thema, das u. a. in Kurt Biedenkopfs Grundsatzpapier eine
wichtige Rolle spielt. Diese transsektorale Perspektive ist durchaus
Teil des Gründungskonzepts der Hertie School, scheint aber in der
Umsetzung dieses Konzepts zunächst einmal mit unterschiedlichen
Akzenten verwirklicht worden zu sein. Besondere Aufmerksamkeit
haben in der Anfangsphase die Governance-Probleme des staatlichen
Sektors (und damit auch der zwischenstaatlichen Beziehungen wie

etwa in der Europäischen Union) gefunden, mit einigem Abstand gefolgt von denen der Wirtschaft; hier hätte sich eine größere Nähe zu einer hierfür offenen Business School sicher korrigierend ausgewirkt. Der „dritte Sektor", also die Strukturen und Gruppierungen der Zivilgesellschaft einschließlich der Nichtregierungs- und Nonprofit-Organisationen, hat – von Ausnahmen abgesehen – erst in einer späteren Phase der Entwicklung der School größere Aufmerksamkeit gefunden. Das ist fraglos dem Einfluss von Helmut K. Anheier, dem zweiten Dean der Hertie School (seit 2009), zuzuschreiben, der in seinen eigenen umfangreichen Arbeiten zu den Governance-Problemen von philanthropischen und kulturellen Einrichtungen[88] hier Pionierarbeit geleistet und – nicht zuletzt mit der engen Zusammenarbeit mit dem Heidelberger Centre for Social Investment und einem großen Forschungsprojekt zum deutschen Stiftungswesen[89] – dem „dritten Sektor" zu erheblicher Bedeutung in der wissenschaftlichen Agenda der School verholfen hat. Die Berufungen von Andrea Römmele (2009) und Johanna Mair (2012) verstärkten diesen Bereich weiter.

3.7 Die Berliner Dimension: Das Zusammenspiel lokaler, nationaler und europäischer Politik an einem besonderen Ort

Soweit meine Erinnerung an die ersten Gründungsdiskussionen im Jahr 2002 zurück reicht, galt von Anfang an der Standort Berlin als die für eine Einrichtung der geplanten Art einzig mögliche Option, auch wenn sich damals die in den letzten zehn Jahren rasant verlaufene Entwicklung der deutschen Hauptstadt erst abzuzeichnen begann. In einer der ersten Sitzungen des „Proto-Kuratoriums", in der es um den Namen der zu gründenden Einrichtung ging, kam sogar, wie bereits erwähnt, kurzfristig der Vorschlag auf, sie „Berlin School of Governance" zu nennen.

Seither hat die Hertie School in mehrfacher Hinsicht ein äußerst interaktives Verhältnis zu ihrem Berliner Umfeld entwickelt. Unter ihren institutionellen Partnern – vor allem für die Forschung und für die Ausbildung des wissenschaftlichen Nachwuchses[90] – sind mehrere führende wissenschaftliche Einrichtungen in Berlin (WZB, Freie Universität, Humboldt-Universität). Unter den Studierenden sind Berliner Themen für ihre Projektarbeiten beliebt, und in ihrer Rolle als öffentliches Forum für wichtige gesellschaftliche, wirtschaftliche und politische Fragen spielen Themen und Persönlichkeiten aus dem Berliner Umfeld eine wichtige Rolle: „Neben der Fachkompetenz der Fakultätsmitglieder und der professionellen Öffentlichkeitsarbeit trägt zweifellos auch der günstige Standort im Zentrum Berlins zu einer erhöhten Wahrnehmung der Hochschule im politischen und medialen Umfeld bei."[91]

Dieses Interesse an Berlin als einem besonderen Ort deutscher Befindlichkeiten wird im Übrigen von der Hertie-Stiftung geteilt, die schon 2008 eine von Klaus Hurrelmann (damals noch Universität Bielefeld, heute an der Hertie School) und Michael Zürn, dem ersten Dean der Hertie School, wissenschaftlich betreute umfassende Berlin-Studie initiierte, die zum ersten Mal repräsentative Daten über die Lebenswelten in dieser Stadt vorstellte und analysierte[92] und der im Oktober 2014 eine zweite, diesmal von Helmut Anheier und Klaus Hurrelmann geleitete Studie folgen wird[93].

Es ist unschwer nachvollziehbar, wie Berlin für eine moderne School of Governance als ein geradezu ideales Laboratorium dient, in dessen Institutionen sowohl die Ebenen des öffentlichen Lebens – lokal, national, international – wie auch die unterschiedlichen Sektoren öffentlichen Handelns – staatlich, wirtschaftlich, zivilgesellschaftlich – in Echtzeit abgebildet sind und studiert werden können.

4. Spannungen, Kontroversen und offene Fragen

Es wäre in der Tat verwunderlich, wenn die Geschichte der Gründung einer so eigen- wie neuartigen Einrichtung wie der Hertie School of Governance ganz ohne ihre Brüche, Verwerfungen und Widersprüche verlaufen wäre. Dazu war das Terrain zu unerforscht, der Einsatz aller Beteiligten zu hoch, der Gegenstand zu wichtig und gleichzeitig zu inhärent kontrovers, die Strategie für die Gestaltung und das Management einer solchen Hochschule zu unerprobt. Man könnte allerdings durchaus auch zu dem Schluss kommen, dass angesichts dieser und anderer Stolpersteine die Gründungsgeschichte der Hertie School einen erstaunlich geradlinigen Gang genommen hat; aus der Gründungsgeschichte anderer Einrichtungen sind jedenfalls dramatischere Verwerfungen bekannt. Zweifelsohne dürfte es sich lohnen, an dieser Stelle einigen der Fragen nachzuspüren, zu denen es in der hier dargestellten Gründungsgeschichte zu mehr oder weniger ausgeprägten Kontroversen gekommen ist oder in denen Spannungen und Widersprüche sich nie ganz haben auflösen lassen.

Diese Feststellung wird hier keineswegs mit einem negativen Vorzeichen getroffen. Spannungen und Auseinandersetzungen können gerade bei akademischen Einrichtungen eine sehr belebende und heilsame Funktion haben; sie halten Optionen offen, die der weiteren Erkundung und Prüfung bedürfen, und bewahren Wissenschaft und Wissenschaftler davor, sich allzu voreilig auf scheinbar verlässlichem Gelände häuslich einzurichten.

4.1 Public Management, Public Policy und Governance

Bis in die sehr frühen Diskussionen in der Vorgeschichte der Hertie School zurück reicht eine solche Spannung, die allem Anschein nach (und vielleicht zum Nutzen der School) nie ganz aufgelöst worden ist. Der Spannungsbogen erstreckt sich von einem Verständnis der Aufgabe der School, die primär der Reform des öffentlichen Dienstes gewidmet sein sollte, zu einem breit gefächerten Interesse an den vielfältigen Erscheinungsformen, politischen Konstellationen und Inhalten von Public Policy und bis zu einem sehr spezifischen und neuartigen Verständnis von Governance als steuerndem und entscheidendem Handeln in allen institutionalisierten Zusammenhängen von Öffentlichkeit.

In den Diskussionen der Jahre 2002 bis 2004 findet man vielfache Belege dafür, wie sich die Interessen der Beteiligten um die eine oder andere dieser Konzeptionen herum zu kristallisieren suchten. Am deutlichsten war dabei wohl das Interesse der Hertie-Stiftung, mit der Gründung einer eigenen Einrichtung (zunächst im Rahmen der ESMT, später dann in eigener Verantwortung) einen wesentlichen Beitrag im Sinne des Public Management zur Reform und Modernisierung der öffentlichen Verwaltung innerhalb Deutschlands, aber auch in den europäischen Institutionen zu leisten; dabei spielte auch das Interesse, die Tradition des Juristenmonopols in der Rekrutierung von leitendem Verwaltungspersonal in Deutschland zu überwinden, eine nicht unwichtige Rolle. Die in den Diskussionsprozess eingebundenen Wissenschaftler hingegen teilten zwar manche dieser Intentionen, tendierten aber stärker zu einer inhaltlichen Agenda, die insgesamt dem Public-Policy-Profil der maßgeblichen internationalen Einrichtungen (Kennedy School, London School of Economics etc.) nachempfunden war und in der Konzentration auf die Governance-Problematik ein gewisses Alleinstellungsmerkmal der neuen School sah. Sie fanden sich darin weitgehend unterstützt von dem im Laufe des Jahres 2003 gewonnenen Leitungsteam (Biedenkopf, Zürn, Lorentz) und den vor allem von Lorentz beigebrachten Vorarbeiten zur Bucerius School of Governance.

Im Kern hat diese Konkurrenz unterschiedlicher Leitbilder die Hertie School zumindest durch ihre frühen Jahre begleitet. Das gewichtige

Monitum von Renate Mayntz in den Diskussionen der Vollrads-Klausur von 2003, dass man sich Klarheit darüber verschaffen solle, ob die neue School sich mit Public Policy oder aber – ihrem vorgesehenen Namen entsprechend – mit Governance beschäftigen solle[94], ist in der realen Entwicklung der School weithin unbeachtet geblieben. Dabei ist sicher nicht ganz unwichtig, dass für Mayntz „das Konzept von Governance […] vielmehr als Alternative zu und in ausdrücklicher Absetzung von einer Politik entwickelt [wurde], die allein auf die überlegene Steuerungsfähigkeit des Marktes baut"[95]. Auch der in Vollrads durchaus ernst gemeinte Vorschlag von Georg Sørensen, die neue School sollte als allererstes Projekt ein Buch über „die Dilemmata von Governance" schreiben, ist eigentlich uneingelöst geblieben. Dem steht allerdings eine zunehmend reichhaltige Produktion der School von wissenschaftlichen Beiträgen zu spezifischen Aspekten von Governance gegenüber, von denen die Kapitel des nunmehr zum zweiten Mal erschienenen jährlichen „Governance Report" besondere Erwähnung verdienen[96]. Dieser zweite Band, der sich mit dem Verhältnis von „administrative capacity" und „governance readiness" beschäftigt, stellt im Übrigen auch wieder interessante Verknüpfungen zwischen den in der Gründungsphase gelegentlich als Alternativen diskutierten Topoi von Public Administration und Governance her[97]. Schließlich ist in diesem Zusammenhang auch bedeutsam, dass das mit der Erteilung des Promotionsrechts 2012 ermöglichte „Doctoral Programme in Governance" eindeutig – und mit voller Unterstützung des dieser Entscheidung zugrunde liegenden Gutachtens des Wissenschaftsrates von 2011[98] – den Schwerpunkt auf die Governance-Forschung legt.

Einem dieser Frage verwandten Thema galt im Übrigen auch die Diskussion, inwiefern und in welcher Form bestimmte Politikfelder und deren jeweils besonderen Governance-Probleme in der Struktur und der personellen Ausstattung der Hertie School ausdrücklich vertreten sein müssten oder ob einer generischen Befassung mit Politikfelder übergreifenden Steuerungs- und Entscheidungsproblemen Vorrang gebührt. Für beide Konzepte bestehen gute Gründe, doch ist diese Frage im Laufe der Zeit wohl weniger grundsätzlich, sondern weitgehend als Funktion sowohl des personellen Angebots wie auch der makropolitischen Konjunkturen der Zeit entschieden worden. So haben sich vor allem in der Entwicklung der Professorenschaft deutliche Interessen- und Kompetenzschwerpunkte in verschiedenen Politikfeldern herausgebildet – Bildungs- und Gesundheitspolitik, Energiepolitik, Wirtschafts- und Währungspolitik, Kommunikation, Technologie- und Infrastrukturpolitik, Demokratisierung, Europapolitik, um nur einige zu nennen. Diese Arbeitsteilung hat nicht nur für die Studienangebote der School eine beträchtliche Bereicherung und Konkretisierung bedeutet, sondern auch die Untersuchung der für die allgemeine Governance-Forschung wichtigen Frage ermöglicht, ob und inwiefern der spezifische Inhalt eines Politikfeldes jeweils ganz bestimmte Konfigurationen von Governance erfordert oder bewirkt. Inwieweit die Chance dieser Art von Meta-Analyse tatsächlich genutzt worden ist, kann hier nicht abschließend bewertet werden; als offene Frage müsste dies jedoch auf der Tagesordnung einer School of Governance verbleiben.

4.2 Staatliches und nichtstaatliches Handeln

Die Feststellung, dass "Governance" sich nicht allein auf staatliches Handeln beschränkt, gehörte von Anfang an zu den Prämissen des Konzepts der Hertie School und zu den Vorzügen des Begriffs von Governance. Steuerungsbedarf und Steuerungsmöglichkeiten lassen sich für staatliche wie nichtstaatliche Handlungsbereiche ausmachen; alle drei Sektoren öffentlich wirksamen Handelns – Staat, Wirtschaft, Zivilgesellschaft – bedürfen der ihnen und ihren Aufgaben angemessenen Steuerungs- und Entscheidungsprozesse und -einrichtungen.

Ungeachtet dieser deutlichen und immer wieder in Anspruch genommenen Prämisse ist die frühe Entwicklung der Hertie School von einer starken Fokussierung auf die Einrichtungen und Handlungsweisen staatlicher (und zwischenstaatlicher) Autorität und einer vergleichsweise weniger stark ausgeprägten Berücksichtigung nichtstaatlicher Akteure in Wirtschaft und Gesellschaft gekennzeichnet. Am ehesten fanden – nicht ganz ohne mehr oder weniger deutliche Ermahnungen der Stiftung – die öffentlichkeitswirksamen Handlungsformen wirtschaftlicher und unternehmerischer Akteure Eingang in den Diskurs und die Aktivitäten der School.

Eine intensivere Beschäftigung mit den Governance-Problemen der
Einrichtungen der Zivilgesellschaft blieb indessen, wie bereits erwähnt,
weitgehend den Initiativen vorbehalten, die Helmut Anheier, der zweite
Dean der Hertie School, von 2009 an im Kontext seiner eigenen wissenschaftlichen Interessen an den Problemen von Philanthropie in die
Agenda der Hertie School einbrachte und die erheblich dazu beigetragen
haben, dem Begriff von Governance in der Arbeit der School zu einer
größeren und – im Sinne des Gründungskonzepts – angemesseneren
Reichweite zu verhelfen.

4.3 Schools of Public Policy: Europäische und amerikanische Modelle

Ohne Frage haben in den Gründungsdiskussionen für die Hertie
School die weithin sichtbaren und wissenschaftlich wie politisch
erfolgreichen Public Policy Schools an großen amerikanischen Universitäten eine wichtige Rolle gespielt; sie waren den Teilnehmern dieser
Diskussionen zumeist persönlich bekannt, wurden zum Zweck der
Konsultation besucht und stellten wichtige und sachkundige Gutachter
für die Planungsarbeiten an der Hertie School zur Verfügung. Von Anfang an war jedoch auch klar, dass die in Berlin anstehende Gründung
der Hertie-Stiftung nicht eine Kopie dieser Einrichtungen, sondern von
ihrem Berliner Standort aus eine erkennbar europäische Institution
werden sollte, in deren Profil sich auch deutsche wissenschaftliche
Traditionen der Erforschung von öffentlichem Handeln widerspiegeln
würden. Dieser Anspruch wurde im Mission Statement von 2004 auf
einen prägnanten Nenner gebracht:

*[...] es geht – die Einhaltung internationaler Standards immer
vorausgesetzt – in der inhaltlichen Orientierung der Hertie
School vor allem auch darum, den Besonderheiten europäischer Staatlichkeit und europäischer Gesellschaftsordnung
sowie dem historischen Prozess der europäischen Integration
gerecht zu werden.*[99]

Was das im Einzelnen heißen sollte, war indessen weniger klar. Noch relativ unbestritten war, dass die Entwicklung des großen europäischen Einigungsprojekts in der Europäischen Union zu den Schwerpunkten in der Arbeit der School gehören müsse. In der Tat hat die Hertie School in den zehn Jahren ihres Bestehens in dieser Hinsicht in der Ausbildung, der Forschung und der Teilnahme an der öffentlichen Debatte Hervorragendes geleistet[100]; die Dahrendorf-Symposien in Zusammenarbeit mit der London School of Economics und der Stiftung Mercator sowie die „Europa-Woche" im Rahmen des zehnjährigen Jubiläums der Hertie School sind nur einige der herausragenden Beispiele. Einen für die Zukunft wichtigen Schwerpunkt dieser Arbeit bildet das neue, von Henrik Enderlein geleitete „Jacques Delors Institute – Berlin", der an die Hertie School angegliederte deutsche Zweig der Pariser Einrichtung „Notre Europe – Jacques Delors Institute"[101].

Auch die Kooperations-Strategie der School, die sich bei aller Weltläufigkeit der institutionellen Partnerschaften in erster Linie auf die Zusammenarbeit mit der London School of Economics und das Institut d'études politiques de Paris (Sciences Po) konzentriert (unter Einbeziehung der mit beiden schon vorher verbundenen School of International and Public Affairs [SIPA] der Columbia University), hat einen deutlich europäischen Charakter gewonnen.

Auch über diese eindrucksvollen Erfolge hinaus aber kann man die Schaffung eines unverkennbar europäischen Profils für die wissenschaftliche Identität der Hertie School nach wie vor zu den Ansprüchen zählen, an denen weiter zu arbeiten sich lohnen würde. Das gilt vor allem für die Pflege einer gesunden Diversität wissenschaftlicher und epistemologischer Bezugssysteme. Die unverkennbare und scheinbar unaufhaltsame transnationale Homogenisierung der Sozialwissenschaften stellt einem solchen Unterfangen natürlich erhebliche Schwierigkeiten in den Weg, macht es gleichzeitig jedoch nur noch umso unverzichtbarer.

4.4 Die Governance-Probleme einer School of Governance

Es entbehrt nicht einer gewissen Delikatesse, die Governance einer School of Governance zu thematisieren; eigentlich müsste man davon ausgehen, dass eine Einrichtung, die sich dem Verständnis und der Verbesserung von Entscheidungsstrukturen und -verfahren verschrieben hat, mit der Entwicklung angemessener Governance-Modelle für den Hausgebrauch keine allzu großen Schwierigkeiten haben sollte. Vergegenwärtigt man sich hingegen, dass – zumindest in den Anfangsjahren – kaum ein Thema die Steuerungs- und Entscheidungsgremien der Hertie School so ausgiebig beschäftigt hat wie die Governance der eigenen Einrichtung, so wird diese Annahme zumindest fragwürdig[102].

Das ist in gewisser Hinsicht nicht weiter erstaunlich. Zum einen lagen und liegen für Governance und Steuerung privater Hochschulen in Deutschland nur sehr begrenzte – und oft relativ idiosynkratische – Erfahrungen vor, von denen zudem viele für eine Einrichtung wie die Hertie School kaum einschlägig sind. Zum anderen bedarf jede neue Einrichtung auf dem Wege zu den ihr angemessenen Governance-Strukturen eines gewissen Maßes von „trial and error", von Experimentieren und Ausprobieren. Im Falle der Hertie School kam hinzu, dass der beträchtliche Zeitdruck, den die Verantwortlichen sich für den Start dieses ehrgeizigen Unternehmens auferlegt hatten, für gelassenes Reflektieren und Experimentieren über unterschiedliche Governance-Modelle reichlich wenig Raum ließ.

Über diese eher allgemeinen Schwierigkeiten hinaus war jedoch der Aufbau der Entscheidungs- und Aufsichtsstrukturen der Hertie School von den besonderen Bedingungen dieser Gründung gekennzeichnet und mitbestimmt.

In struktureller Hinsicht lagen die potenziellen Reibungsflächen für die Governance der Hertie School an zwei Stellen: zum einen in der konkreten Ausprägung der Rolle der Stifterin – der Hertie-Stiftung – in den Entscheidungs- und Steuerungsprozessen der School (wie sie etwa in der Entstehung eines vom Kuratorium gesonderten Aufsichtsrats 2006 zum Ausdruck kam), und zum anderen in der Klärung der Beziehungen und jeweiligen Zuständigkeiten der gesellschaftsrechtlichen (Gesellschafter, Aufsichtsrat, Kuratorium, Geschäftsführung) und der hochschulrechtlich definierten Gremien der Hochschule als akademischer Einrichtung (Hochschulleitung, Senat, Kommissionen).

Der erstere dieser beiden Friktionspunkte, der in den Anfangsjahren der Governance der Hertie School eine nicht unerhebliche Rolle gespielt hatte, fand mit der Neufassung des Gesellschaftervertrages von 2006 und der Trennung der Aufsichtsfunktionen von Aufsichtsrat und Kuratorium seine zumindest strukturelle Auflösung, was allerdings Kontroversen in der Folge über konkrete Fragen von Zuständigkeit und Verantwortlichkeit nicht völlig verhinderte[103].

Auf der anderen Seite verlangten die gesellschaftsrechtlichen Rahmenvorgaben für eine GmbH eine Strukturierung von Governance, die mit den in Deutschland üblichen und hochschulrechtlich festgeschriebenen akademischen Selbstverwaltungsstrukturen nur mit einiger Mühe in Einklang zu bringen waren. Von diesem Friktionspotenzial war nicht zuletzt das Kuratorium betroffen, dem in der Novellierung des Gesellschaftervertrages die beaufsichtigende Jurisdiktion über die akademischen Aktivitäten der School in Forschung und Lehre und die damit verbundenen organisatorischen, finanziellen und personellen Entscheidungen oblag und das sich in dem Maße, in dem die Selbstverwaltungsgremien der Hochschule entstanden, mit diesen in der Ausübung dieser Aufsichtspflicht zu arrangieren hatte. In dieser Beziehung waren Probleme in den ersten Jahren der School – bei einer noch im Entstehen begriffenen akademischen Selbstverwaltung – relativ beschränkt, fanden jedoch in der Bewertung durch den Wissenschaftsrat im Rahmen der Akkreditierung der School im Jahre 2008 kritische Aufmerksamkeit[104]; sie traten vor allem im Zusammenhang mit Berufungsverfahren und -entscheidungen, im Hinblick auf die inhaltliche und qualitative wie quantitative Ausrichtung des MPP-Programms und die Zulassung von Studierenden sowie die Öffentlichkeitsarbeit der School auf. Noch in seinem Akkreditierungsgutachten von 2011 stellte der Wissenschaftsrat fest, dass „die Mitwirkungsrechte des Akademischen Senats nicht hinreichend verankert" seien[105].

Die aus der Koexistenz von gesellschaftsrechtlichen und hochschulrechtlichen Regelungen herrührenden Spannungen wirkten sich auch in einer gewissen Ambivalenz in der Rolle der Hochschulleitung aus. Hier waren die leitenden Personen (akademischer und kaufmännischer Direktor) einerseits Geschäftsführer der gGmbH mit den sich aus dem Gesellschaftervertrag ergebenden Aufgaben; gleichzeitig war der akademische Direktor aber auch der Dean der Hertie School und verantwortlich für deren intellektuelle und akademische Integrität. Reibungen waren auch hier vorprogrammiert, hielten sich aufgrund der jeweiligen Personalunion allerdings in Grenzen. Ungeachtet der gesellschaftsrechtlichen Regularien hätte man sich für die Leitung der Hochschule allerdings auch andere, innovativere Modelle als die der deutschen Hochschultradition des Tandems von Rektor und Kanzler nachempfundene Trennung von akademischer und Verwaltungsleitung vorstellen können.

Im Ergebnis der Entwicklungen der Jahre 2003 bis 2006 und vor dem Hintergrund der beiden hier beschriebenen Spannungsverhältnisse lässt sich festhalten, dass die Rolle des Kuratoriums in diesem Zeitraum eine entscheidende Wandlung erfuhr: Von seiner Rolle als dem alleinigen Aufsichts- und Steuerungsorgan der Hertie School in der Anfangs- und Aufbauphase, mit umfassenden Zuständigkeiten in allen Personal-, Finanz-, Struktur- und inhaltlichen Fragen, erwuchsen ihm einerseits mit der Schaffung des von der Hertie-Stiftung gewünschten Aufsichtsrats und andererseits mit der Entstehung einer eigenständigen Selbstverwaltungsstruktur an der Hochschule wichtige Mitspieler. Deren Rolle und Selbstverständnis führten zu einer erheblich komplexeren Governance-Struktur der School, in der dem Kuratorium – neben seinen satzungsgemäßen Entscheidungsaufgaben – zunehmend eine stärker beratende Funktion zufiel.

Im Rückblick haben jedoch weder die eine noch die andere Reibungsfläche in der Governance-Struktur dem Entstehen und der Entwicklung der Hertie School ernsthaften Schaden zugefügt, auch wenn sie gelegentlich den Alltag der internen Vorgänge mühsamer machten als unbedingt notwendig. Offene Kommunikation und das ebenso offene Austragen von Meinungsverschiedenheiten haben das ihre dazu beigetragen, das aus Steuerungs-, Aufsichts- und Entscheidungssituationen und aus unterschiedlichen Konzepten für die Aufgaben der Hertie School entstehende Konfliktpotenzial in Grenzen zu halten.

Das bedeutet allerdings längst nicht, dass zur Governance privater (und im Übrigen auch öffentlicher) Hochschulen in Deutschland schon ein auch nur annähernd ausreichender Stand von wissenschaftlich gesicherter Sachkenntnis erreicht wäre. Die Sicherung und Ausgestaltung der Autonomie von Hochschulen, der Zusammenhang zwischen Finanzierung und Governance, Qualitätssicherung als Governance-Problem, die Effizienz von Leitungs- und die Transparenz von Entscheidungsstrukturen, die Rolle sowohl der Abnehmer der Leistungen einer Einrichtung wie auch der Absolventen ihrer Programme in der Governance-Struktur – diese und andere Themen bedürfen immer noch eingehender organisationswissenschaftlicher Bearbeitung, an der sich eine Einrichtung wie die Hertie School durchaus und konstruktiv beteiligen könnte[106].

5. Rückblick und Ausblick

Das Mission Statement des ersten Deans der Hertie School, Michael Zürn, vom Dezember 2003 schloss mit einem – damals recht ehrgeizig klingenden – Ausblick auf das, was über die nächsten zehn Jahre aus dieser zarten Pflanze einer privaten Hochschule werden könnte:

Das institutionelle Leitziel sollte sein, dass der Name „Hertie School of Governance" in zehn Jahren für eine Einrichtung steht, in der deutsche und internationale Führungskräfte für den Dienst am Öffentlichen so ausgebildet werden, dass der wissenschaftliche Maßstab, die Problemlösungsorientierung und die Internationalität der amerikanischen Vorbilder erreicht wird, dass dies aber in der Mitte Europas, mit einer europäischen Ordnungs- und Wertorientierung und nicht zuletzt mit Blick auf den europäischen Arbeitsmarkt erfolgt. In einer Dekade wollen wir für eine Professional School für Public Policy bekannt geworden sein, die die Qualitätsstandards der besten internationalen Hochschulen erreicht, aber ihr eigenes europäisches Profil entwickelt hat. Die Hertie School of Governance soll im Herzen Europas eine erkennbar europäische Einrichtung bleiben, allerdings mit einer Strahlkraft, die über Europa hinausreicht.[107]

5.1 Eine erfolgreiche Bilanz

Der Rückblick nicht nur auf die Gründungsgeschichte der Hertie School, sondern auch auf das, was sie in den ersten zehn Jahren ihres Bestehens erreicht hat, stellt dieser Prognose ein gutes Zeugnis aus. Die Bilanz kann sich sehen lassen – in der inzwischen erreichten wissenschaftlichen Reputation, in der Nachfrage nach den Studienangeboten der School, den beruflichen Erfolgen der Absolventen und in der Rolle, die die Hertie School inzwischen als Forum eines lebendigen Dialogs zwischen Wissenschaft und Politik spielt.

Für die erreichte wissenschaftliche Reputation der Hertie School sind nicht nur das Gütesiegel des 2012 erteilten Promotionsrechts, sondern auch die Akzeptanz der School in der einschlägigen „scientific community" und als Kooperationspartner bei den herausragenden Vertretern dieser Community – etwa der London School of Economics, des Institut d'Etudes Politique (Sciences Po) in Paris und der School of International and Public Affairs (SIPA) der Columbia University – als verlässliche Indikatoren anzusehen. Es war schon bemerkenswert, dass die Hertie School im zarten Alter von nicht einmal zehn Jahren 2012 als volles Mitglied in die respektabelste internationale Allianz von Public Policy Schools – das „Global Public Policy Network (GPPN)" – aufgenommen wurde[108]. Diese Akzeptanz gründet sich auf die Qualität und wissenschaftliche Produktivität der an der School tätigen Wissenschaftler[109], aber auch auf die Schlüssigkeit des Profils der School mit seinen Leitlinien von Internationalität, Interdisziplinarität, Intersektoralität und Anwendungsbezug sowie auf dessen Umsetzung in den Ausbildungsprogrammen der School und in ihrer umfangreichen Öffentlichkeitsarbeit.

Als ähnlich erfolgreich muss man im Rückblick die Entwicklung des Ausbildungsangebots der Hertie School ansehen. Auf der Basis der zu Beginn in die curriculare Entwicklung investierten Bemühungen hat sich das MPP-Programm der School einerseits eine beträchtliche Kontinuität in der Verbindung von disziplinären, interdisziplinären, und problem- und anwendungsorientierten Elementen, andererseits aber auch die Flexibilität ständiger Adjustierungen seiner Inhalte und Didaktik bewahrt; die Rolle von Praktikum und Master's Thesis sind dabei integrale Bestandteile geblieben, ebenso wie – inzwischen für ein Drittel der MPP-Studierenden – eine Auslandskomponente ihres Studiums in der Form von „dual degree" oder Austauschprogrammen. Das von Anfang an zentrale Problem, einen angemessenen Mittelweg zwischen der Auslese der besten Bewerber und dem – auch aus finanziellen Gründen erwünschten – Aufwuchs des Programms zu finden, scheint auf vertretbare Weise gemeistert zu sein, bleibt jedoch für die School eine ständige Herausforderung – ebenso wie die angemessene berufliche Platzierung einer ständig zunehmenden Zahl von Absolventen. Gleichzeitig können mit der Konsolidierung des Executive Master of Public Management und der vorgesehenen Einführung des Master of International Affairs weitere wichtige Bereiche der Nachfrage auf eine dem Grundkonzept der School entsprechende Weise befriedigt werden.

Eingedenk so mancher Kritik – auch von Seiten der Stiftung – an der Öffentlichkeitsarbeit der School in den frühen Jahren ist es besonders befriedigend, den in der Zwischenzeit erreichten nachhaltigen Erfolg dieses Arbeitsbereichs der School zu konstatieren. Es ist fast schon atemberaubend, die Reichhaltigkeit und das Kaliber der Veranstaltungen der School etwa im Frühjahrsprogramm 2014 Revue passieren zu lassen[110]; hier sind nicht nur Rang und Namen der Gäste bemerkenswert – Wolfgang Schäuble, Mario Monti, George Papandreou, Volker Schlöndorff, Javier Solana, Angela Merkel, Cem Özdemir, Arianna Huffington, John Emerson, Norbert Röttgen, László Andor, Egon Bahr, um nur einige zu nennen –, sondern auch der bei aller Vielfalt erkennbare thematische Zusammenhang der erörterten Themen mit den Zielen und Aufgaben der School. Das gilt im Übrigen auch für die Präsenz der Wissenschaftler der Hertie School in den Medien. Nicht fehlen darf in dieser Bilanz der überaus anregende und einfallsreiche Beitrag, den die Studierenden der Hertie School regelmäßig mit ihrer Zeitschrift „Schlossplatz3" leisten – zuletzt mit einem Heft zum Thema Nachhaltigkeit[111].

5.2 Das offene Geheimnis des Erfolges

Insgesamt also, selbst gemessen an der nicht gerade bescheidenen Prognose des ursprünglichen Mission Statements, eine durchaus erfolgreiche Bilanz, die die in diese neuartige Gründung vor zehn Jahren gesetzten Erwartungen in beträchtlichem Maße erfüllt. Diese Bilanz aber führt – auch in einem breiteren hochschulpolitischen Interesse – zu der Frage nach dem Geheimnis dieses Erfolges, also nach den Faktoren, die in besonderer Weise zu diesem Erfolg beigetragen haben und darum auch für die zukünftige Entwicklung der Hertie School (oder auch anderer Einrichtungen ähnlicher Art) nicht unerheblich sein dürften. Der in diesem Essay unternommene Rückblick auf die Gründung und die seither beobachtete Entwicklung macht eine erste und summarische Bestandsaufnahme dieser Faktoren möglich. Diese Bilanz erhebt keinen endgültigen Anspruch auf Vollständigkeit, stützt sich jedoch auf eine relativ gründliche Aufarbeitung der Geschichte der Hertie School in ihren Aufbaujahren.

Auf einen kurzen Nenner gebracht lässt sich der Erfolg der Hertie School nachvollziehen aus dem Zusammenwirken eines kohärenten, sach- und zukunftsgemäßen Konzepts mit der tatkräftigen und großzügigen Unterstützung der Hertie-Stiftung, einer kompetenten und motivierten Professoren- und Studierendenschaft, einer umsichtigen und inspirierenden Leitung und hervorragenden und bereitwilligen Partnereinrichtungen.

Die Stärke des Konzepts der Hertie School hat – wie die Darstellung in diesem Essay gezeigt hat – eine inhaltliche und eine institutionell-strukturelle Seite; in beiderlei Hinsicht war das Konzept auf der Höhe der Zeit. Inhaltlich war im Rückblick die Konzentration auf das begriffliche Konstrukt von Governance eine entscheidende Weichenstellung, die dem im Laufe der Zeit etwas diffus gewordenen Diskurs über Public Policy einen neuen und nach mehreren Seiten hin offeneren Fokus verschaffte. In diesen Fokus „passte" das Leitbild der School mit seinen Komponenten Internationalität, Interdisziplinarität, Anwendungsbezug und Intersektoralität. Institutionell kam das Strukturmodell einer Professional School mit seiner Verbindung von Anwendungsorientierung und Interdisziplinarität den handlungsbezogenen Zielen und

Aufgaben der neuen Einrichtung weit entgegen. Für beide Merkmale war zum Zeitpunkt der Gründung die Zeit reif, die wissenschaftliche Aufarbeitung von Governance weit genug gediehen und das Modell der Professional School ausreichend erprobt.

Ein noch so gesundes Konzept – das lehrt die Erfahrung so mancher Hochschulgründungen in Deutschland und anderswo – hat wenig Chancen auf Erfolg ohne den Rückhalt verlässlicher Unterstützung und Finanzierung. Wo, wie bei privaten Gründungen, der Staat für einen solchen Rückhalt nicht eintritt, werden andere Förderer gebraucht. Die Hertie School hatte das große Glück, in der Hertie-Stiftung einen verlässlichen Förderer zu finden, der mutig, großzügig und kritisch zur Unterstützung dieser Gründung – und später dann auch ihrer Weiterführung – bereit und in der Lage war. Man darf diese Rolle auch personalisieren: der damalige Vorstandsvorsitzende der Gemeinnützigen Hertie-Stiftung, Michael Endres, hat sich um die Gründung und Entwicklung der Hertie School große Verdienste erworben, indem er deren Aufbau mit kritischer Aufmerksamkeit und einer Mischung aus Skepsis und Enthusiasmus begleitet hat. Einfach sind solche Beziehungen zwischen Förderern und Geförderten nie, aber hier war trotz aller Spannungen eine grundsätzliche Gemeinsamkeit der Ziele am Werk.

In vielen der Planungsgespräche für die Hertie School war einer der am häufigsten geäußerten Zweifel der, ob es gelingen würde, eine wissenschaftlich kompetente und für diese neuartige Einrichtung aufgeschlossene Professorenschaft zu finden, ohne (zumindest zu Beginn) die üblichen Begünstigungen des öffentlichen Dienstes anbieten zu können. Dass dies trotz aller anfänglichen Skepsis gelungen ist und die auf diese Weise gewonnenen Professorinnen und Professoren sich durchweg mit großem Engagement um die Entwicklung „ihrer" School bemüht haben, zählt ganz entschieden mit zu den durchaus offenen Geheimnissen des Erfolges der Hertie School. Zentrifugale Tendenzen in Professorenkollegien gehören zu den problematischen Erfahrungen eines jeden Dekans und Hochschulpräsidenten; die Priorität der eigenen Forschungsinteressen ist für jeden Wissenschaftler ein hohes Gut, dem gegenüber die gemeinsame Zielsetzung einer Fakultät oder einer Hochschule oft zurücktreten muss. Gänzlich frei von solchen Tendenzen war wohl auch die Hertie School nie, doch ist hier die Konvergenz der

Energien zugunsten von Profil und Reputation der School als ganzer ungewöhnlich und eindrucksvoll. Das wird im Interesse des dauerhaften Erfolgs der School auch in Zukunft unverzichtbar sein.

Auch um die Erschließung eines Potenzials von qualifizierten und motivierten Studierenden hat sich die Hertie School bemühen müssen, und auch hier hat der Erfolg weiteren Erfolg gezeugt. Die Begeisterung der Studierenden für die ihnen von der School angebotenen Möglichkeiten und Herausforderungen war oft – für Dozenten wie Beobachter – ansteckend, und der Erfolg der Alumni-Arbeit der School scheint zu belegen, dass hier eine dauerhafte Verbindung grundgelegt worden ist. Es wird notwendig sein, die beruflichen Werdegänge der Absolventen des MPP-Programms sorgfältig im Auge zu behalten und auch daraus Rückschlüsse für weitere Adjustierungen des curricularen und praktischen Studienangebots wie auch der Auswahl der Studierenden zu ziehen.

Zu den Glücksfällen, denen die Hertie School ihre erfolgreiche Entwicklung verdankt, gehört auch die Umsicht und die Kompetenz, mit der sie in den zehn Jahren ihres Bestehens geleitet wurde. Man darf auch dies personalisieren. Die Suche nach dem ersten Dean der School sah sich dem Problem gegenüber, dass das relativ neue Gebiet der Governance-Forschung erst wenige Wissenschaftler von Spitzenformat hervorgebracht hatte; Michael Zürn war einer von ihnen, und es ist dem Wissenschaftszentrum Berlin (WZB) und seinem damaligen Präsidenten, Jürgen Kocka, zu danken, dass mit seiner Hilfe (und mit dem Beistand der Hertie-Stiftung) eine gemeinsame Berufung von Zürn an das WZB und die Hertie School – und die Abwehr eines ehrenvollen konkurrierenden Rufs – möglich wurde. Zürn hat die Aufbauphase der Hertie School und ihre wissenschaftliche Reputation auf das nachdrücklichste und engagierteste befördert. Seine Nachfolge – auch dies ein Glücksfall – könnte nicht in besseren Händen als denen von Helmut K. Anheier sein, gerade weil Anheier aus einer anderen wissenschaftlichen Tradition und Umwelt kommt, die es ihm erlaubt hat, neben der dynamischen Fortführung der ursprünglichen Agenda der School deutliche neue Akzente in der Beschäftigung mit den Governance-Problemen nicht-staatlicher Akteure zu setzen. Beide – Zürn und Anheier – sind in ihren jeweiligen Amtszeiten von überaus fähigen und erfahrenen

Leitern der Verwaltung der School – von Bernhard Lorentz über Christiane Neumann und Sven Schütt bis zu Anna Sophie Herken – und einer stattlichen Reihe von Associate Deans (Jobst Fiedler, Henrik Enderlein, Gerhard Hammerschmid) unterstützt worden.

Schließlich war die Hertie School, um erfolgreich zu werden, für sich allein nicht breit und tief genug angelegt, sondern bedurfte kongenialer und williger Partner, die ergänzende Kompetenzen, Erfahrungen und Sichtweisen beizusteuern bereit und in der Lage waren. Der Gewinn solcher Partner war schon vor der eigentlichen Gründung der School ein äußerst aktiver Prozess, für den auch die breit angelegte Begutachtung der Gründungspläne durch deutsche und internationale Experten eine nützliche Basis bildete. Im Ergebnis hat sich die Hertie School in konzentrischen Kreisen ein eindrucksvolles Netzwerk institutioneller Partnerschaften geschaffen, das von den Kooperationen innerhalb der Berliner Wissenschaft bis zu dem weltweit gespannten Global Public Policy Network reicht. Ohne diese Netzwerke wären so erfolgreiche Entwicklungen wie die wachsende Zahl von „joint degrees" und „dual degrees" im MPP-Programm, die zahlreichen kooperativen Forschungsprojekte, die gemeinsamen wissenschaftlichen Tagungen wie die Dahrendorf-Symposien oder auch die zahlreichen Foren und Gesprächsrunden zwischen Wissenschaft und Politik nicht denkbar.

Dieser Katalog der Bedingungen des Erfolges der Hertie School wäre nicht vollständig, wenn er nicht auch die unermüdliche Leistung der Mitarbeiterinnen und Mitarbeiter sowohl der School wie der beteiligten Einheiten der Hertie-Stiftung würdigte, die oft im Verborgenen wirken, sowie die nicht immer einfache, aber im Kern hilfreiche Rolle der zuständigen Berliner Wissenschaftsverwaltung (die ihrerseits in den kritischen, aber verständigen Stellungnahmen des Wissenschaftsrates ihre Unterstützung fand) und schießlich die sich auch zunehmend finanziell engagierenden zusätzlichen Förderer der Hertie School.

5.3 Es bleibt noch viel zu tun

Die Hertie School hat mit ihrer Gründung und in ihrer nunmehr zehnjährigen Geschichte für die wissenschaftliche Beschäftigung mit den Problemen moderner Staatlichkeit ein neues Modell geschaffen und neue Maßstäbe gesetzt. Sie hat dabei mit Hilfe des Begriffs von „Governance" sowohl Politikfelder übergreifende Probleme der Steuerung gesellschaftlicher Prozesse als auch spezifische Steuerungsprobleme einzelner Politikfelder (etwa in der Währungs-, Sozial- oder Energiepolitik) wissenschaftlich bearbeitet und in die Ausbildungsprogramme der School integriert. Die ständig zunehmende Komplexität politisch wirksamer Entscheidungen in allen Sektoren moderner Gesellschaften hält für diese Art der angewandten wissenschaftlichen Arbeit weitere große und wichtige Herausforderungen bereit.

Gleichzeitig hat sich die Hertie School aber auch zunehmend in Bereichen engagiert, in denen moderne Staatlichkeit von Fehlentwicklungen (wie in den Arbeiten von Alina Mungiu-Pippidi zur Korruption) oder Krisen (wie in den Arbeiten von Henrik Enderlein zur Euro-Krise oder von Mark Hallerberg zur Fiskalpolitik) bedroht ist. Es hat den Anschein, als ob solche und andere Bedrohungen von funktionsfähiger Staatlichkeit in der zukünftigen Arbeit einer School of Governance eine noch weiter zunehmende Rolle spielen und alte wie neue Fragen zur Legitimation staatlich und (vielleicht in zunehmendem Maße) nichtstaatlich organisierter Einrichtungen und Machtverhältnisse stellen könnten. Die „zentralen normativen Errungenschaften gelungener Staatswerdung", von denen im Mission Statement der Hertie School von 2004 die Rede war, scheinen zunehmenden Gefährdungen durch nicht mehr an Staaten gebundene, religiös oder ethnisch denominierte Gruppen, durch den potenziellen Missbrauch sozialer Netzwerke, die Auswirkungen organisierter Xenophobie, die selbst-referentiellen Ziele von Geheimdiensten oder die Machenschaften maroder Banken ausgesetzt zu sein.

Die Hertie School ist schon jetzt einigen dieser Phänomene auf der Spur, wie kürzlich in einem Workshop im Gefolge der Arbeiten von Peter Mair[112] über die Möglichkeiten, der „Aushöhlung" demokratischer Traditionen zu begegnen. Es kann aber gut sein, dass die fortschreitende

Bedrohung der Funktionsfähigkeit und der Legitimation öffentlichen Handelns in den unterschiedlichsten gesellschaftlichen und politischen Bereichen zu einer noch sehr viel größeren Herausforderung für eine Governance School werden könnte, die mit einiger Berechtigung Weitblick für sich in Anspruch nehmen darf.

Ceterum censeo: Wenn es die Hertie School nicht gäbe, man müsste sie dringend erfinden.

Endnoten

1   Vergleichbar allenfalls mit der Gründung der privaten Hochschule Witten-Herdecke mit Unterstützung der Bertelsmann-Stiftung im Jahre 1983, deren Unterstützung allerdings von begrenzter Dauer war; das Engagement der Jacobs-Stiftung in der inzwischen nach ihr benannten früheren International University Bremen ist jüngeren Datums; Gründungen der Steinbeis-Stiftung im Hochschulbereich haben eher den Charakter von Fachhochschulen. Eine umfassende Bewertung der Situation privater Hochschulen in Deutschland findet sich in dem vom Stifterverband für die deutsche Wissenschaft mit Unterstützung von McKinsey Deutschland besorgten Bericht „Rolle und Zukunft privater Hochschulen in Deutschland – Eine Studie in Kooperation mit McKinsey & Company", Essen: Edition Stifterverband 2010; ein bemerkenswerter Beitrag zur Diskussion um die Zukunft privater Hochschulen in Deutschland ist der Aufsatz von Klaus Hurrelmann (Professor an der Hertie School), „Top oder Flop" in DIE ZEIT, 17.7.2014.
2   S. dazu Hans Weiler, „Von der Osteuropa-Akademie zur Hertie School of Governance – Eine persönliche Chronik der Anfänge". In: Hertie School of Governance (Hrsg.), Jahrbuch Eins/Yearbook One. Berlin: Hertie School, 2007, S. 16–23. Im folgenden zitiert als Jahrbuch Eins/Yearbook One 2007.
3   Gemeinnützige Hertie-Stiftung, „Osteuropa-Akademie (Arbeitstitel) – Workshop Kronberg i. Ts. 24.–25. Juni 2000 – Dokumentation", Frankfurt (Main): GHSt, September 2000 (153 S.).
4   Jahresbericht 2000 der Gemeinnützigen Hertie-Stiftung.
5   Jahresbericht 2001 der Gemeinnützigen Hertie-Stiftung.
6   Konzeptpapier der GHSt „Hertie-Institut für Europäische Integration – Planungsstand zum 15. April 2002", S. 3; die zitierte Fassung war das Ergebnis einer Sitzung vom 2. April 2002. Eine weitere Fassung mit dem Planungsstand vom 14. Juni 2002 lag als Arbeitsunterlage dem Experten-Workshop am 19. Juni 2002 in Frankfurt (Main) vor.
7   Gesprächsnotiz zum Experten-Workshop I betreffend Engagement der GHSt in der ESMT (bisher Hertie-Institut für Europäische Integration) (6 S.), Juni 2002.
8   Zusammenfassend dargestellt von Bernhard Lorentz und Theo Sommer, ursprünglich in einer Tischvorlage („School of Governance – Begriff und Struktur") für eine Sitzung des Kuratoriums der ZEIT-Stiftung vom 11. November 2002; hier zitiert nach einer Vorlage für die Sitzung des Kuratoriums der Hertie School am 15. September 2003 in Köln.
9   GHSt, Hertie Institute for Public Management in Europe (Informationsbroschüre, 4 S.). Frankfurt (Main): GHST, o. J. (2002). Siehe hierzu auch den Abschnitt „Hertie Institute for Public Management in Europe" im Jahresbericht 2002 der GHSt.
10 GHSt, Hertie Institute for Public Management in Europe, a. a. O., S. 2.
11 A. a. O.
12 Working Paper „Hertie School for Public Management in Europe – Educational Programme" (10.7.2002) (21 S.).

13   Siehe hierzu auch Hans N. Weiler, „Anwendungsbezug und interdisziplinä-
      re Wissenschaft: Das Strukturmodell der Professional School", in: Norbert
      Bensel, Hans N. Weiler, Gert G. Wagner (Hrsg.), Hochschulen, Studienreform
      und Arbeitsmärkte – Voraussetzungen erfolgreicher Beschäftigungs- und
      Hochschulpolitik, Gütersloh: Bertelsmann, 2003, S. 199–211.
14   Siehe u. a. Michael Zürn, Regieren jenseits des Nationalstaates: Globalisierung
      und Denationalisierung als Chance, Frankfurt (Main): Suhrkamp, 1998; ders.,
      „Global Governance and Legitimacy Problems", in: David Held und Mathias
      Koenig-Archibugi (Hrsg.), Global Governance and Public Accountability, Ox-
      ford: Blackwell Publishing, 2004, S. 136-163; ders., „Was heißt ‚Governance'?"
      In: Gegenworte, 18. Heft (Herbst 2007), S. 28–31 (nachgedruckt in Jahrbuch
      Eins/Yearbook One 2007, a. a. O., S. 8–12).
15   Kurt Biedenkopf, „Hertie School of Governance – Anmerkungen zur Konzeption
      und zum wissenschaftlichen Auftrag" (Dresden, 24. Juli 2003). Veröffentlicht
      in Englisch als: „Notes on the conception and academic mission of the Hertie
      School of Governance" (HSoG Paper Series: Paper Number 1), Berlin: Hertie
      School of Governance, o. J. (2004).
16   In der Folge gehörten bzw. gehören dem Kuratorium – mit unterschiedlichen
      Amtszeiten – über diese Gründergeneration hinaus an: Franz Baumann,
      Beigeordneter Generalsekretär der Vereinten Nationen; Wolfgang Clement,
      Ministerpräsident und Bundesminister a. D.; Udo Di Fabio, Richter des Bundes-
      verfassungsgerichts a. D.; Bernhard Eitel, Rektor der Ruprecht-Karls-Universität
      Heidelberg; John Feldmann, ehem. Vorsitzender des Vorstands der GHSt; Peter
      Frey, Chefredakteur des Zweiten Deutschen Fernsehens; Guido Goldman,
      German Marshall Fund of the United States; Wolfgang Ischinger, Botschafter
      a. D.; Mary Kaldor, Professor of Global Governance an der London School of
      Economics; Aleksander Kwaśniewski, Staatspräsident der Republik Polen
      a. D.; Bruno Le Maire, ehem. französischer Minister; Dieter Lenzen, Präsident
      der Universität Hamburg; Frank Mattern, Managing Partner Deutschland,
      McKinsey & Co. (Vorsitzender des Kuratoriums seit 2014); Thomas Oppermann
      MdB, Vorsitzender der SPD-Bundestagsfraktion; Manfred Overhaus, Staats-
      sekretär a. D.; Norbert Röttgen MdB, Bundesminister a. D.; Marcus Schenck,
      Mitglied des Vorstands und CFO der E.ON AG; Wolfgang Schön, Direktor am
      Max-Planck-Institut für Steuerrecht und Öffentliche Finanzen; Gunnar Folke
      Schuppert, Forschungsprofessor für Neue Formen von Governance am Wis-
      senschaftszentrum Berlin; Alison Smale, Leiterin des Berliner Büros der New
      York Times; Sascha Spoun, Präsident der Leuphana Universität Lüneburg;
      Hans-Jürgen Urban, Geschäftsführendes Vorstandsmitglied der IG Metall;
      Ursula Weidenfeld, ehem. stellvertretende Chefredakteurin, Der Tagesspiegel;
      Frank-J. Weise, Vorsitzender des Vorstands der Bundesagentur für Arbeit und
      Vorsitzender des Vorstands der GHSt, ehem. Vorsitzender des Kuratoriums; Bern-
      hard Wunderlin, ehem. stellvertretender Vorsitzender des Vorstands der GHSt.
17   http://www.sfb597.uni-bremen.de/ (konsultiert am 28. Juli 2014). Auch die
      Überlegungen, die um die gleiche Zeit zur Gründung einer „Humboldt-Viadrina
      School of Governance" in Berlin führten, belegen die zunehmende Konjunktur
      des Themas.

18   Zitiert aus einer Vorlage von Bernhard Lorentz und Theo Sommer für das Kuratorium der ZEIT-Stiftung vom 11. November 2002, die der konstituierenden Sitzung des Kuratoriums der Hertie School am 15. September 2003 vorlag (S. 2).

19   Ebd., S. 4.

20   Siehe hierzu auch das Interview mit Bertram und Walter in Jahrbuch Eins/ Yearbook One 2007, a. a. O., S. 30–34.

21   Biedenkopf (2004), a. a. O. – im Folgenden zitiert nach dem deutschen Original vom 24. Juli 2003.

22   Michael Zürn, Mission Statement of the Academic Director of the Hertie School of Governance (HSoG Paper Series: Paper Number 2), Berlin: Hertie School of Governance, o. J. (2004).

23   Biedenkopf (2003), a. a. O.

24   Tätigkeit zur Zeit der Gutachten; Gutachter, die auch an der Vollrads-Konferenz teilgenommen haben, sind mit einem * gekennzeichnet. Der volle Text der Gutachten findet sich in den für die „Konzeptklausur Schloss Vollrads" vorbereiteten Tagungsunterlagen, S. 47–150.

25   Text der Zusammenfassung der Gutachten in den Tagungsunterlagen für die Vollrads-Klausur, S. 43–46.

26   Dieser Befund wird auch von den Untersuchungen zur Nachfrage für eine School of Governance bestätigt, die Ronald Berger im Auftrag der ZEIT-Stiftung für die geplante Bucerius School of Governance durchgeführt hatte.

27   Die Liste der Teilnehmer findet sich in den Tagungsunterlagen für die Vollrads-Klausur, S. 5–6.

28   Festgehalten in einem umfangreichen Protokollmanuskript in den Akten.

29   Besonders intensiv, aber auch kontrovers diskutiert wurde ein Vorschlag in dem Gutachten von Peter Katzenstein, die Professoren der Hertie School auf eine intensive halbjährige Lehrverpflichtung festzulegen und ihnen die andere Hälfte des Jahres für ihre Forschungstätigkeit zur Verfügung zu stellen (s. a. Tagungsunterlagen für die Vollrads-Klausur, S. 60).

30   Zürn, a. a. O., 2004; hier zitiert aus dem deutschen Original.

31   Dirk Messner, Nationalstaaten in der Global Governance Architektur. Wie kann das deutsche politische System Global Governance-tauglich werden? INEF-Report 66/2002, S. 30–31.

32   In der weiteren Entwicklung der School entstand vor diesem Hintergrund zunächst ein Forschungsprofil, dessen Hauptsäulen den folgenden Themenkomplexen gewidmet waren: „European and International Governance"; „Economy, Welfare, Sustainability"; „Public Management"; und „Democracies: Transition, Consolidation, Design Alternatives" (s. zur weiteren Erläuterung der Inhalte: „Wissenschaftsrat, Stellungnahme zur Akkreditierung der Hertie School of Governance", Berlin [Ders. 8780-08; Karlsruhe, 06.11.2008], S. 8–9) – im Folgenden zitiert als Wissenschaftsrat 2008.

33   „Akademische Partnerschaften der HSoG" (Anlage 9 zur Tagesordnung der Kuratoriumssitzung vom 11. März 2004); s. a. Aktenvermerk von Michael Zürn („Memo über internationale Partnerschaften") vom 26.4.04.

34   „Vermerk USA-Reise Prof. Biedenkopf, Dr. Endres, Dr. Lorentz 1. bis 7. Februar 2004" (Anlage 5 zur Tagesordnung der Kuratoriumssitzung vom 11. März 2004).

35 Vertrag zwischen der Gemeinnützigen Hertie Stiftung und der European School of Management & Technology GmbH sowie der European School of Management & Technology Stiftung vom 13.10.2003 (Anlage 2 zum Antrag auf staatliche Anerkennung der Hertie School of Governance durch den Senator für Wissenschaft, Forschung und Kultur des Landes Berlin gem. § 70 HRG und § 123 BerlHG vom 13. September 2004 – im Folgenden zitiert als Antrag auf staatliche Anerkennung 2004).

36 Vertrag vom 13.10.2003, a. a. O., Präambel und § 1.

37 Siehe Schreiben von Jürgen Kocka an Kurt Biedenkopf vom 5. März 2007 (Anlage 4.2 „Kooperation mit dem WZB" zu Hertie School of Governance, „Strategie 2008–2010", vorbereitet für die Klausur der HSoG in Neuhardenberg im Juni 2007).

38 Vorlage zur Kuratoriumssitzung am 8. Juni 2004 (Anlage 11.1 vom 1.6.2004).

39 Am 24. Februar 2004 für Staatssekretäre, Abteilungsleiter und Leiter politischer Stiftungen; am 11. März 2004 für Botschafter ost- und mitteleuropäischer Länder; im weiteren Verlauf des Jahres für Spitzenkräfte der EU in Brüssel, für Wirtschaftsvertreter und für Vertreter von NGOs.

40 Die Ansprachen des Symposiums finden sich in Hertie School of Governance (Hrsg.), Die Rolle des Staates im 21. Jahrhundert – The Role of the State in the 21st Century. Berlin: HSoG Publishing, 2005. In dem reichhaltigen Presseecho auf dieses Symposium ist ein besonders gründlicher – und kritischer – Beitrag von Jürgen Kaube in der Frankfurter Allgemeinen vom 24. April 2004 hervorzuheben: „Keiner schlafe – Jeder regiere: Wozu eine ‚Hertie School of Governance'?"

41 Hertie School, Die Rolle des Staates (2005), a. a. O., S. 30.

42 A. a. O., S. 52.

43 Siehe Anlage 4 („Draft Curriculum for the Master of Public Policy [MPP] at the Hertie School of Governance, Berlin") und Anlage 7 („Gutachterliste zum Curriculum der Hertie School of Governance") zum Antrag auf staatliche Anerkennung (2004), a. a. O.

44 Curriculum für einen Master of Public Policy (MPP) an der Hertie School of Governance, Berlin (undatiertes Manuskript vom 15. April 2004; English version: Michael Zürn and Gregor Walter, Draft Curriculum for the Master of Public Policy [MPP] at the Hertie School of Governance, Berlin – Anlage 4 zum Antrag auf staatliche Anerkennung [2004], a. a. O.).

45 A. a. O.

46 Antrag auf staatliche Anerkennung (2004), a. a. O., S. 28.

47 Die Zahlen sind entnommen dem „Jahresbericht" in Jahrbuch Eins/Yearbook One (2007), a. a. O., S. 186–189.

48 Einige Portraits von Absolventen der ersten drei Jahrgänge bilden hierzu eine aufschlussreiche Dokumentation (Jahrbuch Eins/Yearbook One [2007], a. a. O., S. 37–43).

49 Wissenschaftsrat (2008), a. a. O., S. 8 und 66.

50 A .a. O., S. 66.

51 Hertie School of Governance, Jahresbericht 2012/2013, S. 6–7, 30.

52 Hertie School of Governance, Understand Today. Shape Tomorrow, Berlin 2014, S. 4.

53   A. a. O., S. 5.

54   Einzelheiten des Berufungsverfahrens und die Zusammensetzung der Kom-
     missionen sind dokumentiert im Antrag auf staatliche Anerkennung (2004),
     a. a. O., S. 20–25; zur Hochschulsatzung und Berufungsordnung s. ebd., Anlagen
     8 bzw. 3.

55   Weitere Zugänge für das Jahr 2006/2007 waren Alexander Graser (Comparative
     Public Law and Social Policy), Mark Hallerberg (Political Economy and Public
     Management), Markus Jachtenfuchs (European and Global Governance),
     Alina Mungiu-Pippidi (Democratization Studies) und Kai Wegrich (Public
     Management); weitere Informationen über den Lehrkörper der ersten Jahre
     (einschließlich der Gastprofessoren) finden sich in Jahrbuch Eins/Yearbook
     One (2007), a. a. O., S. 50–55.

56   Diese Seminare sind zusammenfassend dokumentiert in Anlage 11 zum Antrag
     auf staatliche Anerkennung (2004), a. a. O.

57   Jobst Fiedler, Executive Education an der Hertie School of Governance – Erfah-
     rungen zwischen 2004 und 2007. Jahrbuch Eins/Yearbook One (2007), a. a. O., S.
     44–47; s. dort (a. a. O., S. 49–49) Interviews mit Teilnehmern der ersten Executive
     Seminars.

58   Zum derzeitigen Stand der „Executive Education" s. Hertie School of Governance,
     Jahresbericht 2012/2013, a. a. O., S. 7–9, 30.

59   S. a. die Presseerklärung der Gemeinnützigen Hertie-Stiftung vom 2. Dezember
     2003: „Hertie-Stiftung gründet die Hertie School of Governance".

60   Hertie School of Governance gGmbH, Antrag auf staatliche Anerkennung der
     Hertie School of Governance durch den Senator für Wissenschaft. Forschung
     und Kultur des Landes Berlin gem. § 70 HRG und § 123 BerlHG (Berlin, 13. Sep-
     tember 2004).

61   Wissenschaftsrat (2008), a. a. O., S. 7.

62   Entwurf vom 10. September 2003.

63   Anlage 1 zum Antrag auf staatliche Anerkennung (2004), a. a. O.

64   Protokoll der Besprechung „Hertie Institute for Public Management in Europe"
     am 27. Juni 2003 in Berlin.

65   Beratungsunterlagen und Protokolle aller Sitzungen finden sich in den Akten.

66   Anlagen 8, 5, 6 und 3 zum Antrag auf staatliche Anerkennung (2004), a. a. O.

67   In einer etwas hartnäckigen Formulierungsrunde im Januar 2006 wurde
     die Rolle des Kuratoriums in der Qualitätssicherung der School ausdrücklich
     thematisiert und festgeschrieben (siehe u. a. meine E-Mail an Fritz Scharpf,
     Christiane Neumann und Michael Zürn vom 10. Januar 2006).

68   Mit Ausnahme einer Übergangszeit bis zum formellen Amtsantritt des ersten
     Akademischen Direktors am 1. Oktober 2004, in der die Geschäftsführung von
     Marlies Mosiek-Müller und Bernhard Lorentz (in regelmäßiger Absprache mit
     dem designierten Akademischen Direktor) wahrgenommen wurde.

69   Hier zitiert nach der am 1. September 2005 in Kraft getretenen Fassung;
     Dokumentation I in Jahrbuch Eins/Yearbook One 2007, a. a. O., S. 179–185.

70   Jahresbericht 2003 der Gemeinnützigen Hertie-Stiftung, S. 22.

71   Siehe den für die Klausur vorbereiteten Entwurf hierzu vom 8. Juni 2007.

72   Wissenschaftsrat (2008), a. a. O.

73 Wissenschaftsrat, Stellungnahme zur Akkreditierung (Promotionsrecht) der Hertie School of Governance, Berlin (Ders. 1637-11, Halle 11.11.2011).

74 Zürn, Was heißt ‚Governance'? (2007), a. a. O., S. 30.

75 Noch die Planungssitzung am 27. Juni 2003 in Berlin firmierte als „Hertie Institut für Public Management"; die Entscheidung für eine „School of Governance" fiel in der Sitzung vom 16. Juli 2003.

76 Zürn, Was heißt ‚Governance'? (2007), a. a. O., S. 30.

77 Zum Konzept und zur Praxis von Professional Schools s. Hans N. Weiler, „Anwendungsbezug und interdisziplinäre Wissenschaft" (2003), a. a. O.

78 Manche dieser Einrichtungen stehen, in entsprechend abgewandelter Form, in der Tradition von „schools of public management", die im Gefolge des New Deals und der Ausweitung der öffentlichen Aufgaben auf Bundes- und Staatenebene in den USA den gesteigerten Bedarf an gut ausgebildetem Verwaltungspersonal zu bedienen hatten.

79 Zürn, Mission Statement (2004), a. a. O., Abschnitt II.

80 Wissenschaftsrat (2011), a. a. O., S. 26.

81 Eine dem Namen nach ähnliche, in der Intention und konkreten Ausgestaltung dann aber anders ausgerichtete Gründung war die Humboldt-Viadrina School of Governance. Sie brachte ein innovatives Konzept in die Berliner Hochschulland-schaft, doch fehlte ihr der Rückhalt einer verlässlichen Stiftungsfinanzierung (s. http://de.wikipedia.org/wiki/Humboldt-Viadrina_School_of_Governance, zuletzt konsultiert am 30. Juli 2014).

82 Im Übrigen nicht nur er; auch die Kommission des Wissenschaftsrates zur Akkreditierung der Hertie School fühlte sich im Jahre 2008 zu der Empfehlung veranlasst, den Ausbau des Bereichs „political ethics and normative politics" weiter voran zu bringen (Wissenschaftsrat (2008), a. a. O., S. 55).

83 Hertie School, Understand Today. Shape Tomorrow (2014), a. a. O., S. 14–15. Das gilt im Übrigen auch für den (ansonsten vorzüglichen) neuesten „Governance Report" der School: Hertie School of Governance (Hrsg.), The Governance Report 2014. Oxford: Oxford University Press, 2014 .

84 Wissenschaftsrat (2011), a. a. O., S. 26.

85 Wissenschaftsrat (2011), a. a. O., S. 49.

86 Dies ist, nach anfänglichen Schwierigkeiten, schließlich auch für die Wirtschafts-wissenschaften gelungen, wo die Notwendigkeit einer „kritischen Masse" von Personal eine besondere Rolle zu spielen scheint.

87 Wissenschaftsrat (2008), a. a. O., S. 11; s. a. ausführlicher S. 55. Dieser Punkt wird auch im Folgegutachten des Wissenschaftsrates von 2011 noch einmal betont: Wissenschaftsrat (2011), a. a. O., S. 59ff.

88 S. u. a. Helmut K. Anheier, Nonprofit Organizations: Theory, Management and Policy. New York, NY, London: Routledge, 2014; ders. (mit David Hammack), A Versatile American Institution: The Changing Ideals and Realities of Philanthro-pic Foundations. Washington, D.C.: Brookings, 2013; Civil Society: Measurement and Policy Dialogue. London: Earthscan, 2004; ders. (mit Wolfgang Seibel), The Nonprofit Sector in Germany. Manchester: Manchester University Press, 2001.

89 Jahresbericht 2012/13 der Hertie School of Governance, S. 14.

90 Hier ist insbesondere die gemeinsam mit der Freien Universität Berlin (FU) und dem Wissenschaftszentrum Berlin für Sozialforschung (WZB) verantwortete „Berlin Graduate School of Transnational Studies" zu nennen.

91 Wissenschaftsrat, 2011, a. a. O., S. 63.

92 Gemeinnützige Hertie-Stiftung (Hrsg.), Hertie Berlin-Studie. Hamburg: Hoffmann und Campe, 2008.

93 Gemeinnützige Hertie-Stiftung (Hrsg.), Die Hauptstädter – Berlin 25 Jahre nach dem Mauerfall (Die Hertie Berlin-Studie 2014). Hamburg: Hoffmann und Campe, 2014.

94 Protokoll der Vollrads-Klausur (2003); dieser Mangel an Konsistenz schien ihr auch daran sichtbar zu werden, dass das zentrale Ausbildungsprogramm an einer School of Governance nicht zu einem Master of Governance, sondern zu einem Master of Public Policy führt.

95 Gutachten von Renate Mayntz, Tagungsunterlagen zur Vollrads-Klausur 2003, S. 94.

96 The Governance Report 2014, a. a. O.; s. a. Hertie School of Governance, The Governance Report 2013. Oxford: Oxford University Press, 2013; ein dritter Band ist in Vorbereitung.

97 S. insbesondere Martin Lodge and Kai Wegrich, Setting the Scene: Challenges to the State, Governance Readiness, and Administrative Capacities. Governance Report 2014, a. a. O., S. 15–26.

98 Wissenschaftsrat (2011), a. a. O., S. 59–62.

99 Zürn, Mission Statement (2004), a. a. O., Abschnitt II.

100 Zum letzteren Punkt s. u. a. Kurt Biedenkopf, Der Weg zum Euro – Stationen einer verpassten Chance. Berlin: Hertie School of Governance, 2012.

101 www.delorsinstitut.de (zuletzt konsultiert am 30. Juli 2014).

102 Ich habe mich im Schlussvortrag einer von der Hertie School und dem Centrum für Hochschulentwicklung (CHE) gemeinsam im November 2005 in Berlin veranstalteten Tagung ausführlicher mit dieser Delikatesse beschäftigt. Siehe Hans N. Weiler, Erfolgsbedingungen für private Hochschulen in Deutschland. Detlef Müller-Böling und Michael Zürn (Hrsg.), Private Hochschulen in Deutschland – Reformmotor oder Randerscheinung? Berlin: HSoG Publishing, 2007, S. 180–197.

103 Zur besseren Verschränkung der Arbeit der beiden Gremien war zunächst vorgesehen, dass die jeweiligen Vorsitzenden ex officio stellvertretende Vorsitzende des jeweils anderen Gremiums sein sollten (also der Vorsitzende des Kuratoriums stellvertretender Vorsitzender des Aufsichtsrates, und entsprechend umgekehrt). Diese Regelung wurde jedoch in einer Neufassung des Gesellschaftervertrages 2010 gelockert und 2013 völlig aufgegeben.

104 Wissenschaftsrat (2008), a. a. O., S. 53–54. Hier empfiehlt der Wissenschaftsrat angesichts der Aufgabenstellung des Kuratoriums auch folgerichtig, dass der Anteil von Wissenschaftlern in diesem Gremium zu erhöhen sei.

105 Wissenschaftsrat (2011), a. a. O., S. 29.

106 Man kann in diesem Zusammenhang bedauern, dass die Pläne für einen Arbeitsschwerpunkt „Governance of Science", die in den Jahren 2005–2006 im Rahmen der Hertie School und mit möglichen Partnern (Centrum für Hochschulentwicklung [CHE], Deutsche Universität für Verwaltungswissenschaften Speyer) erörtert wurden, einer Verwirklichung nicht näher gekommen sind.

107 Zürn, Mission Statement (2004), a. a. O., Abschnitt III.

108 Pressemitteilung der Hertie School vom 22. Mai 2012; s. a. die Webseite des GPPN: http://www.gppn.net/ (zuletzt konsultiert am 31. Juli 2014).

109 „Die Forschungsleistungen der Hertie School bewegen sich auf einem hohen Niveau und können sich vorbehaltlos mit denen staatlicher Universitäten messen. [...] die Publikationsleistungen der Fakultätsmitglieder – auch in ihrer wissenschaftlichen Wirksamkeit – [sind] insgesamt beachtlich. Sie zeigen zudem, dass die Forschung erfreulich breit in der gesamten Fakultät verankert ist." S. Wissenschaftsrat (2011), a. a. O., S. 51–52.

110 S. den Online-Newsletter „What's New at the Hertie School?" für Juli 2014 (Edition 5, Academic Year 2013/2014).

111 www.hertie-school.org/schlossplatz3.

112 Peter Mair, „Ruling the Void? The Hollowing of Western Democracy". New Left Review 42, November-December 2006, S. 25–51.

Dank

Eine Geschichte zu schreiben, an deren Zustandekommen man selbst mitgewirkt hat, ist nicht ohne Risiko. Der Vorzug ist, dass man mit dem Zustandekommen der Geschichte bestens vertraut ist – man war schließlich dabei. Der Nachteil ist – ebenso offensichtlich –, dass man in diesem Prozess bestimmte Meinungen, Positionen und Präferenzen vertreten und durchzusetzen versucht hat, die Wahrnehmungen und Erinnerungen im Nachhinein selektiv beeinflussen und beurteilende Schlussfolgerungen in bestimmte Richtungen drängen könnten.

Ich habe in der Anfertigung dieses Essays mein Bestes getan, die Vorzüge der unmittelbaren Mitwirkung am Geschehen so gut wie möglich zu nutzen und die Nachteile einer möglicherweise gefärbten Sicht auf die Geschehnisse so weit wie möglich zu vermeiden. In beiderlei Hinsicht war von großem Nutzen, dass ich mir aus der Zeit meiner Mitarbeit am Entstehen der Hertie School of Governance ein relativ lückenloses elektronisches und papierenes Archiv bewahrt habe (das ich – mit Ausnahme weniger Unterlagen persönlicher Art – nach Abschluss dieser Arbeit der Hertie School zur Verfügung stellen werde). Wo sich im Verlauf der Arbeit Lücken herausstellten, haben die Mitarbeiterinnen und Mitarbeiter der Hertie School in sehr dankenswerter Weise die nötigen Informationen für mich aufgespürt.

Der möglichen Gefahr persönlicher Befangenheit habe ich aber auch dadurch zu begegnen versucht, dass ich mich vor und während meiner Arbeit an diesen Texten mit vielen der übrigen Mitwirkenden an dieser Geschichte in Einzel- wie in Gruppengesprächen und im Austausch von Emails sowohl über die Geschehnisse selbst wie auch über ihre Bewertung ausgetauscht habe. Das hat mich oft genug veranlasst, meine eigenen Bewertungen zu überdenken und zu korrigieren. All denen, die mich auf diese Weise unterstützt haben, sage ich an dieser Stelle meinen herzlichen Dank. Alle Fehler und Fehleinschätzungen, die trotz alledem in dieser Arbeit verblieben sind, gehen ausschließlich zu meinen Lasten.

Stanford, CA (USA), im August 2014
Hans N. Weiler

Personenregister

115

Inventing a Private School of Public Policy
An Essay on the Founding of the Hertie School of Governance

This text has been prepared as a companion piece to the more detailed German version of the essay on the founding of the Hertie School of Governance in Berlin. While the German version provides, in its first part, a much more detailed account of the pre-history and history of the School's founding, this English version concentrates on briefly summarizing this first part and presenting a more complete rendition of the original essay's second part, which focuses on the intellectual coordinates of the School's creation and on some of the major developments over the first decade of its operation.

Contents

Preface

Determining the age of an institution is not always as easy as it may seem. Should the starting point be the year when the first students filled the Hertie School of Governance with life, or should it be done as in China, where it is the number of years "lived," that is to say, the years since the idea of a German school of public policy was first developed? Ultimately the choice fell on the year 2004, when the Hertie School offered the first seminars in its Executive program.

So the School is ten years old already—which is very young for a university institution, but still old enough to cast a first look back. The first courses in the Master of Public Policy program were taught in 2005 with a core of seven faculty members and 25 students. By now eight classes have earned degrees of Masters of Public Policy, and six those of Executive Masters of Public Management. The first students in the PhD program, which was launched in 2012, will earn their doctorate in 2015, and in 2015/16 the new Master's program in International Affairs will be introduced. In other words, a public policy school was successfully established in a relatively short time that can hold its ground on a national as well as international level.

This remarkable success was not a matter of course. Especially during the School's foundation phase, the endeavor was met with more than a little skepticism. So the Hertie School initiators' willingness to take risks is surely worthy of note—especially the tremendous commitment to the School on the part of its founder, the nonprofit Hertie Foundation. This commitment was unwavering, endowing the School with innovative qualities that have proven important and fitting.

What are these innovations? Most importantly, there are the three basic principles of the Hertie School, the "three I's": Interdisciplinarity, Intersectorality, and Internationality. They are most impressively revealed in its student body. Half of the students hail from abroad—from all over the world, in fact, and from the start to boot. They previously studied many different fields ranging from social sciences to physics and all the way to medicine, and later they will enter all three sectors: the public sector, private business, and the civil sector.

It is the core faculty, which by now has 20 members and in which seven nationalities are currently represented, that ensures the three I's. As for interdisciplinarity, among the professors are representatives of political and administrative science, sociology, economics, and law.

In line with these principles, from the beginning the Hertie School set great store by being part of a good international network—one that includes the best public policy schools with an interdisciplinary outlook. Consequently, very early on the School included among its partners such institutions as the London School of Economics, Columbia University, and Sciences Po Paris, but also the German Federal Enterprise for International Cooperation (GIZ).

Despite the Hertie School's international character, however, it must be pointed out that it is still firmly embedded in a German and European context. Consequently, it endeavors to research and teach a modern concept of governance from a European point of view. The School's professors and students are to be found in Berlin and Brussels; but they are also present in the state capitals and municipal administrations. At the same time the Hertie School is no ivory tower. Practical relevance is actively pursued, whether in the form of mandatory student internships, the employment of practitioners as teachers, or in the context of many public events which are held at the Hertie School every year and have become an integral part of the culture of debate in Berlin.

After ten years, the Hertie School has outgrown its infancy and evolved into an established entity, with steadily growing numbers of students and a faculty whose research accomplishments hold their own in an international comparison. In this situation, looking back on the past ten years is a pleasant undertaking on the one hand. On the other, however, it is also a necessity in order to learn from the past ten years how to gear up for the future and prepare the process of reflection on further innovations. We thank Hans Weiler, who played such a pivotal role during the foundation phase of the Hertie School of Governance, for looking back so prudently and intelligently. Reading this history of the foundation of a private university is both a pleasure and instructive. In any event, the next ten years will doubtless bring thrilling projects, more innovations, and new challenges. We look forward to continuing to accompany the development of the School!

Kurt Biedenkopf, first Chairman (2003–2009)
and Honorary Chairman of the Board of Trustees (since 2009)

Michael Zürn, Founding Dean (2004–2009)
and First Fellow (since 2009)

Helmut K. Anheier, Dean (2009–2014)
and President & Dean (since 2014)

Introduction and Overview

The founding of the Hertie School of Governance, from the earliest deliberations in 2000 through the opening of its Master of Public Policy Program in the fall of 2005, stands out in the recent history of German higher education as a rather remarkable and novel phenomenon. To begin with, it was (and remains) highly unusual in Germany that a private foundation—in this case, the Hertie Foundation—decided to establish, and fully fund, a university of its own. Furthermore, and also quite unusually, the Hertie School was to emulate the model—so far largely unknown in Germany—of a "professional school" designed to combine an applied orientation and an interdisciplinary form of scholarship to serve the knowledge and training needs of a key sector of public activity. And while the new School was to adopt some of the features of leading Anglo-American schools of public policy, such as the Kennedy School at Harvard, the Woodrow Wilson School at Princeton, or the London School of Economics, it was to distinguish itself by both an explicit orientation to European problems and perspectives and a clear focus on questions of modern governance. This focus on the generic issues of governance was to allow the School to direct its attention to state as well as non-state, national as well as international actors, and to the decision-making arrangements of the public sector and the economy as well as civil society.

These different elements in the founding concept of the Hertie School make its creation an unusual and particularly noteworthy event in German higher education. It is this exceptional character of the new School that deserves and invites closer attention to the process through which it was conceived and established, and to the ideas and perspectives that went into defining its mission. Such a review of the School's "founding spirit" may also serve as a point of departure for looking at the trajectory of its development over the first decade of operation.

This review will have to start with charting the rather complex and multi-level chronology of events that led to the creation of the School and to the definition of its major conceptual and organizational parameters. Against the background of this history, it will then have to proceed to an intellectual mapping of the origins, contexts, significance, and interconnections of the constituent elements of the School's identity. These various elements—"private university," "professional school," "school of public policy," "governance"—must be seen within the context of contemporary scholarship and the policies and politics of higher education in Germany and beyond.

These initial elements have played a key role in shaping the early history of the Hertie School, but they have also been expanded upon as the School encountered, and tried to cope with, the realities of teaching and research in the domains of public policy and governance. This is how the School began to look at, among other things, the challenges of a transsectoral approach to the governance of public affairs, the difficulties of genuine interdisciplinarity in teaching and research, and at coming to terms with the increasingly salient and controversial normative aspects of public policy. As the School moved from conceptual blueprints to institutional reality, it also began to acquire a rather unmistakable Berlin identity in both reflecting and addressing the multiple intellectual, cultural, and political facets of this remarkable city.

This essay, commissioned by the Hertie School on the occasion of its tenth anniversary, attempts to chart the emergence of the School's identity over the period 2000 to 2005, and to view it in the context of the contemporary politics of higher education and the current processes of social and political change in Germany, Europe, and beyond. In the course of this process, different actors with different backgrounds and (personal as well as institutional) interests sought to arrive at a common concept for this new institution while drawing on a variety of institutional models and experiences from both Germany and the international scholarly community; these precedents were carefully studied and assessed, further probed and, eventually, accepted or discarded. All of this occurred under the specific political, structural, financial, and cultural conditions of the early years of this century, which notably included a major expansion of the European Union and its attendant governance challenges. The process of planning the School was not made any less complex by the fact that the principal actors in this development had decided to subject the emerging set of ideas about the new institution to a rather broad and thorough process of international consultation and assessment, which in its turn led to an exponentially expanding influx of further ideas, exemplars, and admonitions.

Against the background of this chronicle of founding the Hertie School (which is laid out in much more detail in the German version of this essay), the analysis proceeds to yet another level, namely, to view the special identity of this new institution in the broader context of scholarly and political concerns with the analysis of public affairs. At this level, one can then begin to identify the specific role that this new School of Governance was expected to play within the overall concert of academic institutions devoted to the study of public policy, and to ask how the School has further shaped, and lived up to, its founding mission over the first decade of its operation.

Part I
The Chronicle of Founding a New University: 2000–2005

1. From a "Hertie Institute for European Integration" to the "Hertie School of Governance"

Deliberations within the Hertie Foundation on the creation of an institution in the general area of public affairs go back all the way to 2000, when plans for a "Hertie Institute for European Integration"—devoted to the administrative reform of the European Union in anticipation of its major expansion in 2004—were first discussed and later incorporated into the design for a new "European School of Management and Technology (ESMT)" on Berlin's Schlossplatz. By the fall of 2002, the discussion had proceeded to the concept of a "Hertie Institute for Public Management," designed to confront the new challenges for state action and to achieve "a new quality of public management in Europe." At the same time, the importance of preparing new leadership became a powerful argument for the establishment of a "School" rather than an "Institute," and for expanding the substantive claims of the new institution from the traditions of "public management" to the challenges of "governance" and "public policy." Rather than locating this new institution inside a business school, it was decided in 2003 to create it as an entity in its own right; the result was, in late 2003, the formal founding of the Hertie School of Governance by the Hertie Foundation under its CEO, Michael Endres, with Kurt Biedenkopf as Chairman of the Board, Michael Zürn as the first Dean of the School, and Bernhard Lorentz as its first Managing Director.

2. Defining the New School's Mission and Designing Its Activities

Important antecedents of the concept of the new institution had included Zürn's research at Bremen University on changes in the nature of the modern state and its governance and earlier plans of the ZEIT Foundation, developed in consultation with Ralf Dahrendorf, for a "Bucerius School of Governance" that the Foundation ultimately decided not to pursue. The Hertie School also owed a good deal of its original conception to the example of the major public policy schools in the United States and Great Britain (Kennedy School, Woodrow Wilson School, London School of Economics); it adopted the structural model of a "professional school" as particularly suitable to an academic institution with a pronounced applied interest and an interdisciplinary kind of scholarly agenda.

In the process of developing the specific profile of the Hertie School out of these different legacies, Kurt Biedenkopf's paper on the conception and academic mission of the Hertie School in the summer of 2003[1] emerged as a major point of departure for a wide-ranging discussion with a group of international experts and a planning retreat at Vollrads Castle in November of 2003. Biedenkopf identified major changes in the role and functioning of the modern state as a result of both globalization and profound changes in the relationship between state and society, and developed from this analysis ten theses on the governance challenges that the new School should address. The result of the consultation that centered on the Biedenkopf paper and the Foundation's plans for the new School was a strong endorsement of both the need for such an institution and the major directions the School was to take, but also a significant refinement of the initial premises of the initiative. The conclusions drawn from this process were reflected in the "Mission Statement" of the School's first Dean[2], which became an important blueprint for designing the structure and content of the new institution and its curricular, research, and personnel specifications. The key elements of the Statement were: good governance for all three sectors at the interface of national and international politics; multidisciplinarity and problem orientation; applied scholarship and knowledge transfer; internationality; the European context; care in the selection and counseling of students; academic excellence; a distinguishable research profile; and strategic and academic partnerships.

In terms of its own governance, the initial group of the Foundation's advisers was consolidated into a Board of Trustees ("Kuratorium") in late 2003, which remained the principal supervisory organ for the School until a change of statutes provided for a separate Supervisory Board in early 2006 to more adequately reflect the Foundation's interests and responsibilities as the sole partner in the School's legal structure.

Early discussions about cooperation were held with the London School of Economics, the Institut d'études politiques de Paris (Sciences Po), and the School of International and Public Affairs (SIPA) at Columbia University; early cooperative arrangements in Berlin included the European School of Management and Technology (ESMT), the Social Science Center Berlin (WZB) and the Free University of Berlin (FUB) as well as a growing network of partners in the world of policy practice.

The newly created Hertie School presented itself to the interested academic and political public in a major symposium in April 2004 on "The Role of the State in the 21st Century," with the help of Gerhard Schröder, Kurt Biedenkopf, Roman Herzog, Ralf Dahrendorf, Otto Schily, Frank Vandenbroucke, Adrian Năstase, and others. The major themes for discussion—already anticipating an important part of the School's agenda—were: Transnational Security, European Integration, and Challenges of the Welfare State[3].

Since the fall of 2003, and as a more concrete aspect of coming to terms with the School's mission, planning had started for the School's central instructional activity, the Master's Program in Public Policy (MPP); again with the help of outside expertise, the participation of prospective employers of the School's graduates, and a special international workshop in April of 2004, a major curriculum development effort was undertaken in order both to design the program of study and to identify the major competencies needed on the School's faculty. At the same time, a major effort was devoted to identifying, and informing about the new program, a potential pool of highly qualified student applicants from Germany as well as other countries in Europe and beyond.

The core competencies required by the instructional program were then translated into advertising the School's first nine professorial positions, which in the course of 2005 resulted in the recruitment of a founding faculty of nine distinguished international scholars (including a "Professor of Public Policy" with special affinities to policy practice) plus a number of adjunct faculty members. The success of this first round of faculty recruitment proved to be one of the major factors in the School's rapid and successful development.

At the same time, a network of connections to institutions of policy practice was being built up to obtain practical input into the School's executive education programs. Out of the first three Executive Seminars in the summer of 2004 emerged a process of instructional experimentation that eventually generated the Hertie School's "Executive Master of Public Management" program in 2008.

3. Establishing the Hertie School: Institutional and Structural Consolidation

The Hertie School was formally founded in October of 2003 as a nonprofit limited liability company (gGmbH) with the Hertie Foundation as the sole partner, and with a financial commitment of the Foundation in the order of €25.6 million to support the School's budget for the first five or six years. The School's leadership was at hand for a public presentation of the Hertie School on December 2, 2003 at the ESMT campus on Schlossplatz 1, where the School had rented premises until its size required moving to new quarters on Friedrichstrasse in 2008. In order to be able to offer its Master of Public Policy degree program, the School had to be officially chartered by the state government of Berlin; the charter was granted on February 28, 2005.

Under the terms of the Articles of Partnership ("Gesellschaftervertrag"), and under the overall authority of the Foundation as the sole partner, the Board of Trustees assumed its responsibility as governing board for all decisions pertaining to the academic as well as administrative management of the School in the fall of 2003, with the Academic Director (Dean) and the Managing Director as Management. In due course, this governance structure was augmented by the appropriate arrangements for the academic governance of the School under German law. At the behest of the Foundation, the governance structure of the School was changed significantly in 2006, when a Supervisory Board (chaired by the Foundation's CEO) assumed responsibility for all administrative, financial, and personnel matters, while the Board of Trustees retained overall responsibilities for the programmatic and academic affairs of the School in consultation with the appropriate bodies of the School's academic governance structure.

Thus, by the end of 2003, the original idea of a "Hertie Institute for European Integration" had progressed, over the three years since 2000, to that of a Hertie School of Governance with an explicit mandate to provide the insights and competencies for coping with the multiple challenges that the modern state faces. As a "professional school of public policy" with a European perspective, the initial conception—reflected in the "Mission Statement" of 2004—guided the first phase of the School's development; some adjustments in the strategy for implementing the concept resulted from another retreat in Neuhardenberg in 2007 and in connection with the two accreditations of the School by the German Council of Science and Humanities ("Wissenschaftsrat") in 2008 and 2011 (for the right of granting doctoral degrees) and the recruitment of the School's second Dean, Helmut K. Anheier, in 2009. That history, however, needs to be written another time.

Part II
Concepts, Profiles, and Discourses: The Founding of the Hertie School and Its Intellectual Coordinates

1. Overview

An important part of the founding history of the Hertie School were the concepts and ideas that have shaped the creation and initial development of this new institution. The purpose of this second part of the essay is to fit these ideas more systematically into a set of coordinates that reflects their origins, context, and significance and allows for a preliminary assessment of how these ideas have shaped the School's development.

As a first approximation, the discussions about the founding of the Hertie School were shaped by a set of categories which—in a variety of ways and with different weights—have come to make up the institutional identity of the School. These categories had to do with the School's

- professional dimension,
- international dimension,
- private dimension,
- normative dimension,
- interdisciplinary dimension,
- transsectoral dimension, and
- Berlin dimension.

All of these dimensions derive their significance, however, from the School's explicit mandate to deal with the profound changes in the role and governance of the modern state.

2. The Discourse on the Changing Nature of the Modern State and the Construct of Governance

The common denominator of the discussions leading to the idea of the Hertie School was what by the beginning of that first decade of the new century had become a rather widespread perception of major changes in the role and complexion of the modern state. The early emphasis on the challenges of European integration and of the 2004 expansion of the European Union led to including in this focus the particular governance issues at the intersection of national and international decision processes and, more generally, the governance of multi-level systems. At the same time, the focus on "public management" reflected a growing concern with the fact that the changing relationship between state and society had serious implications for the qualifications and the training of the people involved in managing public affairs.

Two strands of argumentation on the changing role of the state stand out in these discussions: on the one hand, the growing embeddedness of the modern state in a complex web of transnational actors and contingencies that reflect globalized patterns of influence and interaction; and on the other hand, the emergence of a new set of relationships between the state, the economy, and civil society that requires different instruments of governance in order to cope with the complex new challenges that modern societies face. The Biedenkopf paper and the expert commentaries on it in the preparation of the Vollrads retreat of 2003 provide a rich documentation of that debate.

With the benefit of hindsight, it seems not surprising that these different elements of the initial discussions converged on the notion of "governance" as their conceptual center of gravity. This was facilitated by the fact that, by then, it was possible to rely on an as yet somewhat fluid, but informative body of scholarship on the modern state and its governance problems.

For arriving at workable terms of reference for the new School, the notion of governance had a number of distinct advantages. By being open for both national and subnational as well as international decision processes and at the same time for decisions by state as well as non-state actors, it was a suitable conceptual vehicle for the widest possible variety of modern forms of directions and decisions in complex societies. At the same time, "governance" would capture both the "external" dimension of setting and legitimating policy goals and the "internal" dimensions of administration and leadership in the managerial implementation of policy.

3. The Central Dimensions
   of the Founding Concept

Against the background of this debate on the changing role of the state and its convergence on the central construct of governance, the various dimensions of the School's identity acquired meaning and complementarity, even though they were in actual fact implemented to somewhat varying degrees over time.

3.1 The professional dimension:
   A "professional school" for the knowledge and training needs
   of public actors

The structural model of a "professional school," designed to serve the specific training and knowledge needs of a given sector of societal activity (law, health, business, education), had already proven its utility within the higher education system of the United States and been successfully adapted to the domain of public policy as well. Given its greater affinity (compared to discipline-based academic departments) to the specific, problem-based knowledge needs of the domain it was to serve, an orientation to problem-defined and application-oriented as well as interdisciplinary knowledge came naturally to professional schools, as did a more intimate and open interaction with the operational realities of business, education, or public policy. While the model of a professional school presented a structural novelty for German higher education at the time, it made eminently good sense for an institution like the Hertie School that was to bring the insights of several different disciplines to bear upon understanding and mastering the real-time problems in the governance of public affairs. A significant part of the effect that the founding of the Hertie School has had within the context of German higher education was to have demonstrated the utility and feasibility of such a "professional school" model. It is worth noting that, in the meantime, the model has seen some further experimentation in Germany not only in public policy, but in fields like business and education as well.

3.2 The international dimension: Global challenges to governance from a European perspective

One of the central and particularly rapid dimensions of change in the nature of the modern state has been the emergence of international structures and processes of decision-making within the framework of increasingly globalized economic, cultural, and political conditions. From the point of view of a school of governance, this opened up a whole new set of issues: the decisions of national governments were increasingly encumbered and conditioned by international and interstate agreements; international financial and trade markets had a growing influence on the politics of regulation and allocation (and vice versa); international governmental as well as nongovernmental organizations posed new and complex governance problems; internationally comparative analyses of governance issues were becoming more and more significant as tools for research as well as teaching; and then there were, of course, the specific governance challenges resulting from the growing integration of Europe. It was thus from the outset understood that this new School of Governance had to be "international" in orientation, but it was a matter of some debate and experimentation to determine exactly what that was supposed to mean. Some elements of internationality were easy and non-controversial: an international student body and faculty, English as the medium of instruction, the importance of international partner institutions and networks. More difficult was the question of how to deal with international issues, actors, and institutions in the content of the School's training and research programs, how to deal with issues of governance outside and beyond the nation state, and how to develop a culture of public debate and interaction at the Hertie School that was truly international in scope and content.

In all of these respects, the Hertie School has succeeded in living up to, and exceeding, its initial claims; today, the School represents intellectually and socially a living international organism in the middle of Berlin, and the forthcoming program of a Master of International Affairs (MIA), which will enroll its first students in the fall of 2015 and focus on the governance of international organizations and multi-level systems, provides a logical further step along these lines.

These achievements notwithstanding, there is certainly room for further creative developments. The implications of modern technologies for the governance of international relations and security, the cross-national management of epidemics, and the future of international exchanges in education and cultural work are cases in point. Even more importantly, a truly outstanding School of Governance can ill afford not to devote a good deal more attention to the growing problems of failed and failing states in different regions of the world.

3.3 The private dimension: A private initiative for a public good

It was a particularly delicate and, especially in the German context, unusual idea to devote a private institution to the study of public affairs; most private initiatives in higher education had thus far centered—in the form of private business schools—on enhancing corporate management and profit generation. On closer inspection, however, this unusual initiative turned out to be rather fortunate; especially in a somewhat contentious field such as public policy, public universities often run the risk of getting entangled in assorted political and academic tensions, while the independence of a private institution tended to open up quite a few new options. This was true for rather tangible issues like not being tied to the rather strict employment rules of the public service (thus allowing, for example, the recruitment of faculty on relatively flexible terms) and in handling international cooperation and the continuing adjustment of programs of study more flexibly. It also allowed the School to respond much more expeditiously to the emergence of new issues and themes such as the crisis of the euro.

It still is, however, an open and worthwhile question whether the Hertie School has made the best possible use of its institutional independence. The question needs to remain on the School's permanent agenda for self-assessment; it will have to be answered, however, in the context of the counter-question of how much a private institution can afford too much of a profile of its own in the midst of a system of higher education that is dominated by public institutions.

Altogether, however, one will have to consider the Hertie School as a successful and effective exemplar of the usefulness and feasibility of a private institution in as critical a field as public policy. Both its focus on the core construct of governance as a way of pulling together such a diverse field, and the way in which—as a professional school—it has brought together problem-orientation and an interdisciplinary approach to the study of public affairs have had a significant influence on the recent German discourse of a "more differentiated" system of higher education.

3.4 The normative dimension: Inquiring into the ethics of public policy

Given the controversial and value-laden nature of many of the issues in public policy, it is not surprising that some of the preliminary discussions of the School's mission include references to the need for addressing the normative issues in public policy, and to make the ethics of public policy a fairly central theme of both scholarly inquiry and professional training. Clearly, the ethical dilemmas in such issues as generational justice, sustainability, immigration, protection of privacy, or the evolving debates about the meaning of "citizenship" would provide ample occasion for such an approach. While one finds general references to the importance of this dimension in programmatic statements of earlier and later years, concrete instances of including it in the School's programs of inquiry and training remain relatively scarce or at best implicit. The MPP program contains an elective field "Ethics and Democracy," and some of the School's public symposia have addressed important normative issues, but given the increasingly salient role that normative controversies play in public policy, one could well imagine the Hertie School adopting a much more explicit strategy for developing the ethics of public policy in terms of both programs and personnel.

3.5 The interdisciplinary dimension: Collaborating across disciplines in a discipline-based world

Bringing the theoretical and methodological tools of different disciplines to bear on the understanding of real-world problems is one of the hallmarks of the professional school model, and a precondition for successfully dealing with the reality of public policy that does not yield to the analytical capacity of any one discipline. This much was clear from the start of planning the Hertie School; what was much less clear was how to achieve a high degree of interdisciplinary work in an academic world that, especially in Germany, continues to be structured and reproduced predominantly in disciplinary terms. It was relatively easy to agree on the disciplines that should form part of the Hertie School's core: political scientists, sociologists, economists, and scholars of law and of public administration were set, but already the relative weight and mixture of each disciplinary cohort was a matter of some controversy. In a discipline-based system, faculty recruitment had to proceed along lines of disciplinary reputation, but had to be held to the added task of ascertaining candidates' willingness and ability to engage in a context of intense interdisciplinary cooperation in both teaching and research.

It is quite remarkable that, in its initial recruitment efforts as well as later, the Hertie School was able to attract an impressive group of scholars that was not only fully recognized in their respective fields, but also proved capable of a substantial degree of cooperation across disciplinary lines. Not being able, at least at the outset, to offer terms of employment comparable to tenured appointments at public universities made this task not exactly easier, but its achievement all the more noteworthy.

The established world of German academia continues to draw relatively narrow boundaries around experiments of this kind, however, and the absence of the kind of interdisciplinary tradition that is such a strong feature of professional schools in the U.S. does not help either. It was therefore not surprising that, in its two thorough (and, on the whole, rather favorable) evaluations of the Hertie School (in 2008 and 2011), the German Council of Science and Humanities made a point of criticizing the relatively weak "disciplinary bases" in the School's work. Looking back at the evolution of the School, however, one has to come to the conclusion that both the analytical strengths of the participating disciplines and the perspectives opened up by cross-disciplinary collaboration have found a very hospitable home at the Hertie School, and have flourished to the advantage of research, teaching, and the public transfer of knowledge. As the "Bologna process" keeps maturing, one should also hope that—in due course—German graduates of Bachelor programs will have acquired a sufficiently solid disciplinary basis to be better prepared for interdisciplinary work at the Master's level.

3.6 The transsectoral dimension:
The governance of different domains of public action—state, economy, civil society

The emphasis on "governance" as the key element in the School's identity only made sense within a perspective that cuts across the different sectors of public life—state, economy, civil society—and that made both the variations in governance across these sectors and problems of governance arising from the interaction of the sectors a central focus of inquiry. While this idea played an important role in many of the preparatory discussions and writings, its implementation became a matter of somewhat variant emphasis. In the initial phase of the School's operation, the governance problems of the state—including interstate relations as in the European Union—took center stage, with those of the business sector a somewhat distant second. The "third sector," encompassing the structures of civil society and including nongovernmental as well as nonprofit organizations, did not find adequate attention until later. Having remedied this shortcoming was largely due to the influence and interests of the second Dean of the Hertie School, Helmut K. Anheier (2009–), whose own pioneering work on the governance problems of philanthropic organizations helped in advancing the significance of the third sector in the School's scholarly agenda.

3.7 The Berlin dimension: The interaction of local, national, and European politics at a special site

From the earliest discussions on, the choice of Berlin as the ideal location for the Hertie Foundation's project was never in doubt; at one point in 2003, even the name of a "Berlin School of Governance" briefly surfaced, but was dropped in favor of a clearer identification with the School's founder and sponsor. In its actual development, the Hertie School has developed a very interactive relationship with its Berlin environment. Among its principal academic partners are three of Berlin's leading institutions of research and higher education; students in the School's programs address Berlin-specific issues in their work; and in the School's important role as a public forum for important current issues, Berlin topics and personalities feature prominently. The Hertie Foundation shares the School's commitment to Berlin, as demonstrated in its support for two major studies of life in Berlin (2008 and 2014) on the basis of representative data. In sum, it is quite obvious how Berlin in its modern incarnation serves a School of Governance as an ideal laboratory, whose institutions reflect both the different levels of public life—local, national, international—and its different sectors—state, economy, civil society—in real time.

4. Tensions, Controversies, and Open Questions

It would have been surprising if the discussions and deliberations that led to the creation of as new and unique an institution as the Hertie School had been without their share of tensions, fault lines, and conflicts. This was new and uncharted territory, the stakes were high, the issues both important and inherently controversial, the strategies for shaping and managing such an institution without much precedent. At the same time, one could well conclude that, given all of these imponderables, the founding history of the Hertie School has been remarkably straightforward; to be sure, there was quite a bit of friction, but other institutions did a lot worse. Be that as it may, however, it should be worth reflecting on where this history reveals tensions and controversies that may still linger in the School's inner fabric, and seeing where such tensions may hold, as they often do, the seeds for new and interesting developments in the School's further growth.

4.1 Public management, public policy, and governance

One of the more persistent tensions in the genesis of the School had to do with the question of what its principal purpose was supposed to be. The scope of options was broad and varied; it ranged from a major early emphasis on the need to reform public service in Germany, through a concern with the structural and managerial challenges of the European integration process and a more broadly conceived preoccupation with the full set of issues and political configurations on the agenda of public policy, all the way to a very specific and novel focus on governance as a directive and decision-oriented activity in all institutional contexts and sectors of public life. Different participants in the discussions tended to favor different elements of this agenda; at some point, the Hertie Foundation seemed to be particularly concerned with the need to modernize the structures and personnel of public administration in both Germany and the European institutions and to overcome the traditional monopoly of legal training for key positions in the public service. Other participants in the process, while sharing these concerns, saw a unique role for the new institution in further developing the notion of governance into a more encompassing and open-ended framework for the study of public policy; they found support for this perspective in the School's new leadership team (Biedenkopf, Zürn, Lorentz) and in the prior deliberations of the ZEIT Foundation.

This range of views has stayed with the Hertie School for at least some part of its early history. Renate Mayntz's insistence, at the Vollrads retreat of 2003, that the School should make up its mind as to whether it should deal with public policy or, as its name suggested, governance has not really been heeded in the actual development of the institution; for her, the significance of the governance concept lay in marking an explicit alternative to a conception of politics that relies solely on the superior directive capacities of the market. Similarly, the rather serious proposal made at Vollrads by George Sørensen that one of the first things the new School should do ought to be writing a book about "the dilemmas of governance" has remained unanswered. This is not meant to disregard the School's rich and varied scholarly contributions to specific aspects of governance over the years, including the chapters of the recent second volume of "The Governance Report" (2014); this volume deals with various facets of the relationship between administrative capacity and governance readiness and indeed reconnects, in so doing, some of the different strands of the earlier discussions on the difference between "public administration" and "governance." In this context it is significant that, once the School was granted the right to award doctoral degrees in 2012, the new doctoral program was unequivocally devoted to research on governance.

This debate on the purposes and foci of the Hertie School has yet another dimension that has opened up different possible answers over time. Here the question is whether and to what degree certain domains of policy and their specific governance problems require an explicit role and place in the School's programmatic and personnel structure, or whether priority belongs to the generic study of governance issues that transcend specific policy areas. Conceptually, there are good reasons on either side of this argument; in practice, the question has over the years been apparently decided less on grounds of principle, but more as a function of both the availability of competent personnel and the macro-political trends of the times. Thus, within the School's faculty new centers of gravitation seem to have emerged around interests in specific policy areas, such as education and health, energy, economic and fiscal policy, communication, technology and infrastructure, democratization, European integration, to name but a few. This division of labor has certainly enriched the School's instructional programs; it has also at least opened up the possibility of pursuing the question— of great theoretical interest in governance research—of whether the specific content and issues of a policy domain require (and perhaps produce) their own configurations of governance. It is difficult to say how far the chance of this kind of meta-analysis has as yet been fully utilized at the Hertie School; it certainly belongs on the agenda of a distinguished School of Governance.

4.2 State and non-state actors in public policy

From early on, the tenet that "governance" was not limited to the state and its agencies was one of the premises of the planning process and one of the advantages of the governance concept. There are needs and modes for directive action by the state as well as by other politically salient agents; every one of the three sectors of public life—state, economy, civil society—is in need of processes of direction and decision that are appropriate to their functions and tasks.

This rather explicit premise notwithstanding, the early history of the Hertie School has been marked by a rather strong focus on the institutions and activities of state (and interstate) authority and a relative neglect of non-state actors in the economy and civil society. Some exceptions could be noticed where, among other influences, the Hertie Foundation prompted some attention by the School to the governance problems of corporate actors.

A more systematic and intensive concern with the governance issues in civil society came about in connection with the initiatives undertaken by the School's second Dean, Helmut K. Anheier, in the context of his own scholarly interests in the organization of philanthropy and "cultural policy"; in a variety of ways, this has led to giving the notion of governance a broader and rather productive reach into the "third sector."

4.3 Schools of public policy: European and American models

The Anglo-American models of Schools of Public Policy have without doubt played an important role in the discussions preceding the establishment of the Hertie School; many of the participants in these discussions knew them from personal experience, they were visited and consulted in the course of laying the groundwork for the Hertie School, and they provided many of the experts for evaluating the ideas for the new School. At the same time, their importance was always moderated by the desire to insert an identifiably "European" dimension into the Hertie School's profile and to have that profile also reflect some of the German intellectual traditions of analyzing public life and institutions.

Exactly what this was supposed to mean remained, and perhaps remains, a matter of some debate. There was no question but that the grand project of European integration was to be one of the School's priorities. Indeed, the School has—in teaching, research, and public debate—made a major contribution to this theme over the years; the "Dahrendorf Symposia" in cooperation with the London School of Economics and the Mercator Foundation and the "European Week" on the occasion of the School's tenth anniversary are but some of the more prominent examples. As an important addition to the Hertie School's close affiliates, the recently inaugurated "Jacques Delors Institute—Berlin" under the direction of Henrik Enderlein promises to be another catalyst for the Hertie School's European agenda. By the same token, the configuration of the School's international cooperative network has a strong European core with the London School of Economics and the Institut d'études politiques de Paris (Sciences Po), in addition to their partner, the School of International and Public Affairs (SIPA) of Columbia University.

With all due respect for these important achievements, however, the sharpening of an unmistakably European intellectual identity might well belong on the continuing agenda of the Hertie School. This may be particularly important with regard to cultivating a healthy diversity of intellectual and epistemological references for scholarly work on governance issues. The unmistakable and seemingly irresistible international homogenization of the social sciences makes such an effort fairly difficult, but at the same time even more indispensable.

4.4 The governance problems of a school of governance

There is something rather delicate and, quite possibly, frivolous about discussing the governance problems of a School of Governance. One should assume that an institution that is devoted to understanding and enhancing the structures and processes of making decisions should have few difficulties designing appropriate governance models for its own in-house use. Considering, however, that no topic commanded as much time and attention in the early years of the School as the governance of the institution itself, this assumption is rendered somewhat questionable.

In some respects, this is not really surprising. First of all, there is only a very limited (and mostly idiosyncratic) amount of experience with the governance and direction of private institutions of higher education in Germany; very little of what there is was germane to an institution such as the Hertie School. Furthermore, any new institution needs a certain degree of trial and error in the conception and design of an appropriate set of governance arrangements; in the case of the Hertie School, however, the participants in the planning process had subjected themselves to an extremely ambitious schedule for launching the project, and the resulting time pressure left little room for leisurely reflection and experimentation with different governance models.

Beyond these general problems, however, the creation of the decision and supervisory structures for the Hertie School was shaped by the special nature of this project. In a structural sense, the potential areas of friction were twofold: on the one hand, in determining the concrete role of the founder and sponsor—the Hertie Foundation—in the School's decision and direction processes, as exemplified by the creation of a separate Supervisory Board in 2006 and, on the other hand, in sorting out the respective relationships and responsibilities of the corporate organs prescribed by the Articles of Partnership (Partner, Board, Management) and those emanating from the legal norms pertaining to the organization of universities as academic institutions (Dean, Senate, Commissions).

The first of these points of friction played a fairly significant role in the early years of the School's governance; it reached some solution, at least in a formal sense, through the revision of the Articles of Partnership in early 2006 and the separation of the functions of the Board of Trustees and those of the newly created Supervisory Board, which was controlled by the Foundation's executive. While this did not entirely eliminate friction, it helped to moderate the tension between the interests of the Foundation in monitoring the development of its project and the interests of the Board in seeing the School achieve its academic goals and maintain the autonomy of its academic governance.

The second domain of potential friction arose between the corporate governance of the School (which followed the legal norms incorporated into the Articles of Partnership) and its academic governance, which was determined by German legislation on higher education and designed to preserve the autonomy of a university's decision-making about its academic pursuits. In this regard, serious controversies remained the exception, especially during the early years, when the structures of academic governance were still *in statu nascendi*. It was one of the functions of the Board of Trustees, especially after the creation of a separate Supervisory Board, to mediate these kinds of tensions, in particular with regard to academic personnel decisions, the qualitative and quantitative development of the MPP program, the admission and support of students, and the School's public relations. It should be noted that the (otherwise rather favorable) accreditation evaluations of the Hertie School by the German Council of Science and Humanities in both 2008 and 2011 still directed some critical attention to deficiencies in the participation of the Academic Senate in decisions on the School's development.

In a parallel to this coexistence of different legal frameworks in the governance of the Hertie School, the School's leaders had to assume—not always without difficulty—a dual function: that of "management" under the Articles of Partnership (where they occupy the role of academic and administrative director) and that of the heads of the School's academic hierarchy (as Dean, Associate Dean, and Head of Administration). While there is potential for friction in these kinds of arrangement, they seem not to have caused serious damage.

The result of this varied set of regulations and responsibilities was, in the end, a rather complex governance arrangement for a relatively small institution. Depending on one's position in these arrangements, one would either have to consider them remarkably—and perhaps surprisingly—effective or deplore them as a rather heavy burden on the conduct of the School's day-to-day affairs and its medium-term planning. Those conflicting perceptions have been, and continue to be, part of the School's institutional culture.

In the process of developing these governance arrangements, the one institution that underwent the most significant changes was the School's Board of Trustees, or "Kuratorium." Having emerged out of an informal advisory body and having formally started out in 2003 as the principal decision-making and supervisory instrument for the School under the authority of the Foundation as the sole partner, it found itself acquiring two important new actors in the overall system of governance: the Supervisory Board established at the behest of the Foundation in 2006, and the gradually emerging system of academic governance inside the School around the Academic Senate and its commissions. While there were good and compelling reasons for these changes, they did quite significantly alter the role the Board played in the School's development, and gave it, in addition to its remaining decision domains on academic matters, much more of an advisory function.

The fact that questions of the School's governance occupied so much time and energy in both the design stage and the actual operation of the Hertie School had much to do with the special and novel nature of this institution. It also reflects, however, the fact that the governance of academic institutions is still one of the most poorly understood aspects of higher education in Germany. Issues such as the definition and ramifications of universities' autonomy, the relationship between financing and governance in higher education, quality assurance as a matter of governance, the efficiency of leadership structures and the transparency of decision-making arrangements, the role of both the users of a university's "products" and of its graduates in the structures of governance—these and many other questions have so far largely escaped serious scholarly attention. At one point, around 2005–2006, some promising discussions were held at the Hertie School about making "the governance of science" into a more explicit priority for addressing the kinds of issues mentioned here; while the matter was not pursued at the time, the challenge remains, and still would be a worthy target of the School's inquiries.

5. Looking Back and Looking Ahead

The "Mission Statement" by the first Dean of the Hertie School, Michael Zürn, concluded in December of 2003 with a rather ambitious vision of what might become of this as yet rather modest seedling of a private university over the next ten years:

> *Our institutional goal should be that, ten years from now, the name "Hertie School of Governance" stands for a place where German and international personnel is being prepared for leadership roles in serving the public realm, where we have reached the standards of our American peers in terms of scholarly excellence, commitment to solving problems, and international orientation, and where all this is rooted in the middle of Europe, with a commitment to a European order of values and perspectives and cognizant of the needs of the European labor market. Within a decade, we want to be known as a Professional School for Public Policy that matches the quality of the best international schools but has developed its own European profile. In the heart of Europe, the Hertie School of Governance should identifiably remain a European institution, but one whose intellectual energy is felt beyond Europe's borders.[4]*

5.1 A success story

Looking back not only at the founding of the Hertie School, but at what it has accomplished over the first ten years of its operation, does appear amply to bear out Zürn's prognosis. The record is one of considerable success—in the School's scholarly reputation, in the quality of, and the demand for admission to, its instructional programs, in the professional achievements of its graduates, and in the School's role as a forum for a lively dialogue between scholarship and politics—speaking truth to power, as it were.

The School's scholarly reputation is reflected not only in the coveted right to award doctoral degrees, but also in the School's acceptance into its branch of the "scientific community" and as a full partner by that community's outstanding members—notably the London School of Economics, Sciences Po in Paris, and the School of International and Public Affairs of Columbia University. It is a remarkable achievement that the Hertie School was granted full membership in the prestigious "Global Public Policy Network" before it even reached the tender age of ten. This acceptance acknowledges the quality and productivity of the scholars working at the Hertie School, but also the coherence of its intellectual profile and the logic of its translation into the training and knowledge transfer activities of the School.

The Hertie School's instructional programs have earned a similarly favorable assessment in further developing the initial instructional concept of combining disciplinary, interdisciplinary, and problem-oriented components while maintaining the flexibility of constantly adjusting both its content and didactics and preserving the key role of a practical internship, the Master's Thesis project, and—for about a third of the MPP students now—a "dual degree" or other international component of their program.

What remains as a constant challenge is the balancing of high selectivity among applicants with the need to expand the size of the program and the efforts needed to provide appropriate professional placement for the growing number of graduates of the program. A consolidated Executive Master of Public Management and the introduction of a new Master of International Affairs seem to succeed in meeting the demand for new and advanced professional training in a manner consistent with the School's basic mission.

Recalling the early criticisms of the School's work in the field of public relations and knowledge transfer, it is with some satisfaction that one can refer to the rather notable success of the School in this regard. The richness and caliber of the School's public events over any given period of time is nothing short of impressive; the newsletter for the summer of 2014 lists, among the participants in the School's programs, the likes of Wolfgang Schäuble, Mario Monti, George Papandreou, Volker Schlöndorff, Javier Solana, Angela Merkel, Cem Özdemir, Arianna Huffington, John Emerson, Norbert Röttgen, László Andor, Egon Bahr—to name but a few. What is at least as remarkable is the fact that this variety of events—as well as the presence of the School's scholars in the media—is clearly and recognizably related to the School's mission. That, incidentally, is true as well of the contribution that the School's students regularly make through their own journal *Schlossplatz3*—most recently with a special issue devoted to the theme of "sustainability."

5.2 The open secrets of success

To conclude that the Hertie School largely succeeded in living up to the expectations of its founders is one thing. From the point of view of reflecting on the broader significance of this story for higher education, however, the more interesting question is the one about the secrets of this success, i.e., the factors that contributed to making the Hertie School such a widely respected institution for the study of public policy. The answers to this question should be useful not only for assessing the future development of the Hertie School, but also the chances of success for similar institutions in German higher education.

The review of the Hertie School's founding and early history in this essay provides a useful background for answering this question. The answer, in brief, points to the interaction between a solid, future-oriented concept, the active and generous support of the Hertie Foundation, a competent and motivated group of faculty and students, able and inspiring leadership, and excellent and supportive partner institutions.

All of these elements were needed, and all of them materialized with sufficient strength and durability.

As this essay has shown, the strength of the School's concept has a substantive and a structural side; in both respects, the concept was up to the task and at the forefront of important intellectual and organizational developments. Substantively, concentrating on the notion of governance was an important decision that provided analytical focus for dealing with the somewhat diffuse territory of public policy; it was the concept of governance that provided the common denominator for the various dimensions of the School's identity in that it both demanded and justified an approach that was international, interdisciplinary, intersectoral, and normatively alert. Institutionally, the model of a professional school was a perfect match for an institution that sought to bring together a problem-based conception of knowledge and the collaboration of different disciplines. The time was ripe for both elements of the School's concept: the scholarly discourse on governance had moved sufficiently far along, and the model of the professional school had proven itself.

The history of higher education in Germany and elsewhere provides plenty of examples that even the best of institutional concepts has little chance of success without dependable support and financing. Where, as in the case of private institutions, the state does not provide such backing, other sources of such support are needed. The Hertie School was most fortunate in that the Hertie Foundation had the courage, the foresight, and the resources to generously support both the School's founding and its further development. This is much to the credit of the Foundation's CEO at the time, Michael Endres, who accompanied the founding of the School with a great deal of critical attention and a mixture of skepticism and enthusiasm. Relations between sponsors and sponsored institutions are rarely easy, but in this case, and quite a few tensions notwithstanding, a strong commonality of purpose prevailed in the end.

One of the main concerns in the early discussions about the new School was whether it would be possible to attract a faculty that was both competent and willing to identify with the School's new and novel mission—and to do this without (at least at first) being able to offer the kinds of benefits that came with professorships at public universities.

It is one of the principal secrets of the School's success that it managed to do that, and that the faculty that was recruited demonstrated an exceptional degree of commitment to the development and success of "their" School. Centrifugal tendencies in professorial circles are a well-known phenomenon for many deans and university presidents; professors typically and understandably attach a great deal of importance to the priority of their own research interests over the common purposes of a department or a university. While the Hertie School was never entirely free of such tendencies, the convergence of energies and commitments for the benefit of the School's good was unusual and impressive; to maintain this convergence will be indispensable for the School's long-term success.

If the recruitment of the right kind of faculty was not easy, neither was the recruitment of the right kinds of students. It is probably true that a good part of the success of the Hertie School had to do with creating a market for its own instructional product, and it became a market that kept reproducing itself as it expanded through consecutive cohorts of students. The students' enthusiasm for what the School both offered and demanded was contagious, and the early success of the School's alumni work seems to suggest that lasting connections were formed. It will be very important to continue to pay close attention to the professional biographies of the School's graduates as a basis for ongoing adjustments in the curricular and practical components of the program and for the selection of applicants.

The care and competence of the School's leadership in its founding years and over the first decade of its operation rank as another indispensable element in the School's success. There are faces and names to this part of the story. The search for the School's first dean was facing the problem that the field of governance research was relatively new and had as yet produced only a few outstanding scholars. Michael Zürn was one of them, and it is to the credit of the Wissenschaftszentrum Berlin (WZB) and its president at the time, Jürgen Kocka, that it was possible to put together, with the help of the Hertie Foundation, a sufficiently attractive joint appointment and to compete successfully with an attractive competing offer. Zürn directed the founding of the Hertie School and the initial development of its academic reputation with exceptional energy and skill. In finding his replacement, the School was similarly fortunate in that Helmut Anheier, coming as he did out of a different intellectual tradition and environment, was able both to continue the strengths of the School and to steer it into new directions of concern with the governance problems of non-state actors in civil society. Both Zürn and Anheier have enjoyed the support of able and experienced administrators—from Bernhard Lorentz to Christiane Neumann, Sven Schütt and Anna Sophie Herken—and of an impressive cast of associate deans—Jobst Fiedler, Henrik Enderlein, and Gerhard Hammerschmid.

As a relatively small institution, the Hertie School was from the beginning dependent on congenial and supportive partners that were willing and able to contribute complementary competencies, experiences, and perspectives. Even before the actual founding of the School, the search for suitable partners was already underway; the involvement of a large group of distinguished international experts in the course of defining the School's mission paved the way to many such partnerships. As a result, the Hertie School has over the years assembled a concentric network of institutional partners, ranging from neighboring centers of scholarship in Berlin to the Global Public Policy Network. Without this set of partners, such successful developments as the growing number of "joint degrees" and "dual degrees" for the MPP program, the many cooperative research projects, jointly organized scholarly conferences such as the Dahrendorf Symmposia, or the many public debates involving scholarship and politics would just not have been possible.

This catalogue of what it took to make the Hertie School into a success story would be incomplete without mentioning the many contributions, often rendered behind the scenes, by the School's and the Foundation's staff, the assistance provided by the higher education authorities of the Berlin state government, the critical but fundamentally supportive assessment by the German Council of Science and Humanities, and the growing circle of the School's sponsors and supporters.

5.3 Much remains to be done

By coming into being and over the ten years of its operation, the Hertie School has created a new model for the scholarly analysis of the governance problems of modern statehood, and has set new standards for pursuing this analysis in research, teaching, and knowledge transfer. Adopting the central concept of governance has allowed it to deal with problems in directing social processes both within and across specific policy domains, and to make the results of these analyses available for both its training programs and its program of public debate. The constantly growing complexity of political decision-making in all sectors of modern societies will continue to confront this work with increasingly important and difficult challenges in the years ahead.

At the same time, the Hertie School has gradually moved into areas where the modern state faces ever more serious deficiencies (as in the work of Alina Mungiu-Pippidi on corruption) or outright crises (as in Henrik Enderlein's work on the euro crisis or Mark Hallerberg's work on fiscal policy). There is every indication that serious threats to functioning state authority may well assume a much more important role in the work of a school of governance and will raise new questions about the legitimacy of state as well as non-state institutions and power relations. The "central normative achievements of the successful construction of the state" to which the School's initial Mission Statement of 2004 refers seem increasingly at risk from such developments as state-less, religiously or ethnically denominated extremist groups, the potential abuse of social networks, the effects of organized xenophobia, the self-referential aims of secret intelligence services, or the machinations of unstable banking systems.

Already, the Hertie School has started tracking some of these developments—as in a recent workshop devoted to the work of Peter Mair on the "hollowing" of democratic traditions, and on ways of countering it. It is quite possible, however, that the progressing threat to the functioning and the legitimacy of public action in many different political and social organizations will turn into an even greater challenge for a school of governance that has earned for itself the right to take the long view.

In other words: if the Hertie School didn't already exist, it should promptly be invented.

Endnotes

1   Kurt Biedenkopf, "Notes on the conception and academic mission of the Hertie School of Governance" (HSoG Paper Series: Paper Number 1), Berlin: Hertie School of Governance, n.d. (2004)
2   Michael Zürn, "Mission Statement of the Academic Director of the Hertie School of Governance" (HSoG Paper Series: Paper Number 2), Berlin: Hertie School of Governance, n.d. (2004).
3   Hertie School of Governance (ed.), Die Rolle des Staates im 21. Jahrhundert – The Role of the State in the 21st Century. Berlin: HSoG Publishing, 2005.
4   Zürn, Mission Statement (2004), op. cit.

Acknowledgments

Writing a history that one has participated in shaping is not without risk. The advantage is that one knows the history rather well; after all, one was part of it. The disadvantage is, of course, that in the process of bringing about the events that make up the history, one invariably has held views and advocated positions that may well, in retrospect, selectively affect one's perceptions and memory and move one's judgments and assessments in a certain direction.

In my work on this essay, I have done my best to maximize the utility of having been an active participant in the founding of the Hertie School, and to minimize the danger of bringing a biased view to bear on dealing with its significance. In both respects, I was greatly helped by the fact that, over the years of my involvement, I was able to accumulate a fairly complete electronic and paper archive—which, except for some personal items, I intend to make available to the Hertie School at the conclusion of this project. Wherever in the course of my work some gaps emerged in my information, the wonderful staff of the Hertie School was always helpful in tracking down what I needed. I thank them profusely.

I have also tried to reduce the risk of having my own biases interfere unduly with my judgment by spending a great deal of time communicating with many of my fellow participants in the early history of the Hertie School in order to check my own recollections and perceptions. This has often led me to reflect on, and reconsider, my own view of things. I owe all of them a great debt of gratitude for their time and good humor and for freely sharing of their own insights and reflections. Whatever remains in the way of errors of fact or judgment, however, is exclusively my fault.

Stanford, CA (USA), August 2014
Hans N. Weiler